从格子间到独立办公室
职场新人生存手册

[美]迈克·哈尔珀特(Mike Halpert)　著

董乐园　　　刘海燕　　译

清华大学出版社

北　京

北京市版权局著作权合同登记号　图字：01-2024-3906

Mike Halpert
Cubicle To Corner Office: The Ultimate Survival Guide To Your First Job
EISBN：979-8-9889313-0-0
Original English language edition published by Windmill Publishing，USA ©
2023 by Mike Halpert. Simplified Chinese-language edition copyright © 2025 by
Tsinghua University Press Limited. All rights reserved.

图书在版编目(CIP)数据

从格子间到独立办公室：职场新人生存手册 / (美)
迈克·哈尔珀特 (Mike Halpert) 著 ; 董乐园 , 刘海燕
译 . -- 北京：清华大学出版社 , 2025. 7. -- ISBN 978
-7-302-69655-1

Ⅰ . C913.2-62
中国国家版本馆 CIP 数据核字第 20258P41E5 号

责任编辑：刘远菁
封面设计：熊仁丹
版式设计：方加青
责任校对：马遥遥
责任印制：丛怀宇

出版发行：清华大学出版社
　　　　　网　　　址：https://www.tup.com.cn，https://www.wqxuetang.com
　　　　　地　　　址：北京清华大学学研大厦 A 座　　邮　　编：100084
　　　　　社 总 机：010-83470000　　　　　　邮　　购：010-62786544
　　　　　投稿与读者服务：010-62776969，c-service@tup.tsinghua.edu.cn
　　　　　质 量 反 馈：010-62772015，zhiliang@tup.tsinghua.edu.cn
印 装 者：大厂回族自治县彩虹印刷有限公司
经　　销：全国新华书店
开　　本：148mm×210mm　　印　　张：8.75　字　　数：203 千字
版　　次：2025 年 8 月第 1 版　　印　　次：2025 年 8 月第 1 次印刷
定　　价：58.00 元

产品编号：106054-01

译者序
FOREWORD

作为一名深耕职场领域的内容创作者，我曾见证过无数年轻人在初入职场时的迷茫与阵痛。从粉丝的私信咨询中，我深切感受到：职场新人最需要的不是碎片化的技巧，而是一套系统化的生存法则。当我第一次读到这本书的原稿时，立刻意识到这正是中国职场人急需的。

被忽视的职场必修课

在担任品牌管理者的十年间，我处理过太多由文化差异导致的职场冲突：海归员工用美式直白沟通激怒领导，本土员工因过度谦逊而错失晋升机会，甚至出现过实习生根据中式酒桌文化给外籍CEO敬酒的笑话。这些案例折射出全球化职场中普遍存在的认知断层——我们熟稔专业技能的提升，却对职场文化的底层逻辑知之甚少。

本书的价值正在于此。它没有停留在西装该扣几颗纽扣的浅层礼仪，而是深入解剖职场文化的基因密码：从"30—60—90计划"的生存策略，到 SMART 目标管理的思维重塑；从与上司的"战略对齐"沟通术，到跨部门协作的信任构建模型。这些内容不仅适用于外企新人，而且对任何需要与国际团队接轨的职场人来说，都是弥合文化落差的实战指南。

超越翻译的文化转译

在翻译过程中，我始终秉持"本土化再造"的原则。当原作者讲述"用宠物兔道歉"的典型美式幽默时，我联想到国内职场偏爱的"茶叶伴手礼"文化；当书中强调"在会议上挑战权威"时，我特意加入中国职场"建设性表达"的案例。这种转译不是简单的语言转换，而是将硅谷的开放精神与东方的人情世故进行"化学"反应。

特别值得关注的是第 4 章"如何与上司沟通"部分。我曾辅导过一位在跨国银行屡遭挫折的管培生，她严格按照美式职场教程给领导发周报，却因忽略中文语境下的"潜台词沟通"而被评价为"机械死板"。本书提出的"双向反馈系统"和"一对一会议四象限法"，恰好提供了跨文化适应的解决方案——这正是我建议每位读者重点研读的部分。

给"Z世代"①的职场疫苗

对于即将步入职场的"00后",这本书更像一剂预防针。当"整顿职场"成为流量密码,本书用大量真实案例揭示职场规则的本质:在西装革履的着装要求背后,是组织权力结构的可视化表达;"deadline"的博弈艺术,实则是资源分配的效率公约数。我尤其建议读者结合第6章中有关"合作创新"的内容,重新理解"内卷"与"竞争"的本质区别:健康的职场文化从来不是零和游戏。

作为曾就职于外企、大厂和创业公司的"职场跨文化者",我深信本书能帮助读者建立认知优势:用美式思维理解规则制定的逻辑,用东方智慧把握人情世故的分寸,最终形成独特的职场生存哲学。这不是一本教你"成为模范员工"的手册,而是一把打开全球化职场大门的万能钥匙。

愿每位读者都能在本书中找到属于自己的职场坐标系,在文化碰撞的浪潮中,锻造出柔韧而坚定的职业生命力。

董乐园

---

① Z世代:通常指1997年至2012年出生的人群(部分研究采用1995—2009年),是首批从小成长于智能手机、社交媒体和高速互联网环境的"数字原住民"。

目 录

CONTENTS

第 3 章　确定具体的工作目标

第 4 章　如何与上司沟通

第 5 章　完成各项任务

第6章 合作的关键作用

第7章 管理冲突

第 8 章　留下良好的印象

第 9 章　与客户和同事打交道

第 10 章　掌握沟通技巧——建立联系

第11章　报告与演示

第12章　办公工具

第13章　管理日程

第 14 章　会议组织与管理

第 15 章　职场中的社交媒体

第 16 章　职业发展

第 17 章　薪酬和加薪

第 18 章　与外国人打交道

第 **1** 章

欢迎你踏上人生的第一个工位

职场新人们，听好了！你们即将踏上职场的疯狂之旅。这是一个奇怪的地方，有着特定的习俗、行为、期望和礼仪。它与学院或大学完全不同。所以，要驾驭职场，你需要尽力寻求帮助。

为什么呢？比如说，在学校里，老师教你技术、技能，但并没有教你如何有效地进行团队协作，而对于大部分岗位来说，这往往是至关重要的技能。相信我，如果不知道职场惯例和规范，你可能会面临一些相当尴尬的情况。

你可能知道如何阅读资产负债表或用Python编程，但如果你需要带客户去参加商务晚宴，你能应付自如吗？你知道团队项目的截止日期与学校论文的截止日期有何不同吗？如果没有评分，你怎么知道自己在新工作中表现如何？你如何将自己的表现与同事相比较？

当下，随着全球化的加速推进，你可能还需要与外国人打交道。不管你在什么岗位上，你都需要注意不同国家/地区之间的文化差异。

以问候为例。在日本，员工以鞠躬作为打招呼的方式；而在美国，通常的规范是有力的握手。在韩国，名片通常被视为黄金般珍贵的东西，应该用双手递送和接收以示尊重；而在美国，它们通常是随意交换的，没有严格的正式礼节或仪式。总之，一些做法在一些国家/地区是司空见惯的，但在其他国家/地区可能会显得格格不入。这些看似微小的习惯和标准很重要，如果你不了解这些文化规范，可能会在无意中冒犯客户、同事或上级。

无论你是实习生还是刚从学校步入职场的人，这本书都是为你准备的。无论你在法律、咨询、金融、媒体还是在科技行业工作，这本书都可以成为你的职场生存手册。从了解礼仪和沟通技巧，到设定明确目标和最大化工作效率，本书将帮助你掌握职场规则，并确保你做得出色。在本书的帮助下，你将迅速融入职场环境，并很快达到巅峰状态。

办公室文化和礼仪如何助你成功

开始第一份工作时，你可能会感到困惑和不知所措。有很多东西需要了解，包括公司、行业和职场文化。许多职场新人最关心的问题之一是第一天上班应该穿什么样的服装。毕竟，你想要给人留下好印象，并展示出你的专业性。当我在一家大型科技公司得到我的第一份工作时，我非常兴奋。我的父母总是叮嘱我要穿得像个专业人士，所以我听从了他们的建议，去购买了一套新西装。

在工作的第一天穿上西装让我感觉精神抖擞。我准备给新同事留下深刻印象，以正确的方式开始我的新工作。不幸的是，事情并没有像我计划的那样进行。我一走出电梯，就意识到自己犯了一个巨大的错误。无论我往哪里看，看到的都是穿着T恤和牛仔裤的人。根本没有人像我这样穿。我感觉自己像一条离开了水的鱼。

当我走向我的工位时，我能感觉到同事们的目光在我身上。他们都盯着我，想知道为什么我穿得和大家如此不同。我感到尴尬，觉得自己格格不入。但是，我很快意识到我误解了公司文化：虽然公司网站看起来很正式，但办公室的着装比我预期的要随意得多，我的西装完全不合适。

这次经历让我得到了一个宝贵的教训：理解办公室文化和礼仪是十分重要的。穿着得体只是办公室礼仪的一小部分，但这很关键。在工作的第一天给人留下好印象很重要，但熟悉职场的文化规范和期望更为重要。

如何定义办公室礼仪

办公室礼仪指的是一套不成文的规则和指导方针，管理着工作场所中的专业行为和互动。它包括了同事之间、上级和下属之间行为、沟通和尊重的预期标准。良好的办公室礼仪有助于营造积极的工作环境，推动团队合作，并提高工作效率。以下是办公室礼仪的一些关键方面。

尊重和礼貌： 始终以尊重和礼貌对待你的同事。要有礼貌，使用适当的语言，避免冒犯性或歧视性的言论。

守时： 按时上班、开会、赴约。通过守时和避免不必要的延误，来尊重他人、珍惜他人的时间。

专业形象： 穿着要适合你的工作场所，如果公司有着装要求，请遵守它。保持良好的个人卫生，以专业的方式呈现自己。

沟通： 与同事沟通时，无论是面对面、通过电子邮件还是其他渠道，请使用清晰和专业的语言。要专心并积极地倾听他人，这表示你尊重他们的想法和观点。

办公设备的使用： 遵循公司对计算机、电话和互联网等办公设备的使用要求，避免在工作时间过度使用电子设备处理个人事务。

保密和隐私： 在工作场所内外，请尊重有关敏感信息的保密和隐私要求。避免与未经授权的人分享或讨论机密信息。

团队合作： 通过积极与他人合作、分享知识和支持同事等行为，来营造一种通力合作的氛围。在同事需要时提供帮助，并对反馈和建设性批评持开放态度。

会议礼仪： 会前应做好准备。在会议中，应积极参与，避免干扰行为，如窃窃私语或使用电子设备处理个人事务。尊重会议议程和分配的时间。

工作空间清洁： 保持工作空间的清洁和有序。共享区域应保持整洁。尊重同事的个人空间。

社交意识： 注意你的行为可能对他人的影响。避免过度噪声、冒犯性语言或不恰当的笑话。尊重个人界限和文化差异。

记住，办公室礼仪可能因不同的工作场所和文化而有所不同。重要的是熟悉你所在组织的具体要求和期望，以维持和谐、专业的工作环境。

办公室礼仪对职场成功至关重要，因为它为你与他人互动的方式定下了基调。它既表明你尊重同事和公司，又能帮助你与周围的人建立积极的关系。当你理解办公室礼仪时，你将能够有效地沟通，在会议中积极参与并作出有意义的贡献，并以专业和适当的方式与同事打交道。通过遵循本书中的指南，你将很快成为职场中受人尊敬的成功专业人士。

我何以成为你值得信赖的向导

你可能想知道，作为这本书的作者，我有什么资格写这个主题。尽管我不认为自己是专家或大师，但我确实相信，在我多年的成功经验和失败教训中，沉淀了不少值得分享的智慧。

作为"老千禧一代"中的一员，我出生在20世纪80年代初，那时还没有5G智能手机的全天候连接和无限消费的内容。虽然我已经在管理层工作一段时间了，并不是一个刚刚大学毕业的学生，但我能够理解年轻人面临的挑战。作为一个在两种文化世界中都能行走的人，我为职业发展的主题带来了独特的视角。我认为自己是成长于数字时代的技术专家，但在社交媒体上，我的生活方式并不是完全开放和公开的。我是通过一个约会应用程序(APP)遇到我爱人的，但我并不渴望成为一个"网红"。我曾为一些自认为不精通技术的杰出商人工作，他们仍然通过口述的方式让秘书代发电子邮件。我也曾与一些成天泡在网上的天才型技术骨干共事过。我看到了这些工具、科技和生活方式的益处，并基于个人目标选择最适合自己的。

在学历方面，我获得了纽约大学的学士学位和南加州大学的工商管理硕士(MBA)学位。商学院与其他技术学院不同，它提供了一个独特的企业世界镜像。除了战略、财务和会计方面的专业课程外，商学院还有必修的软技能课程，涉及公共演讲、跨文化沟通和公关等主题。大多数作业都是小组项目，迫使学生与他们不一定选择的人合作。这种教育环境教会了我如何协作、明确权衡，并有效管理时间。

在纽约大学和加利福尼亚的研究生院求学期间，我有机会在小型初创企业、媒体公司和诸如谷歌这样的大公司实习。2005年前后，在著名的威廉·莫里斯经纪公司(现为WME)的邮件收发室，我开始了全职工作。这是世界上顶尖的艺人经纪公司之一，服务于电影明星、导演、作家、音乐家和著名运动员。等我看透了委托人的光环和名望后，我发现这是一份高压工作，它教会了我关于销售、客户关系、沟通礼仪和专业精神的知识。

从研究生院毕业后，我在一家大型咨询公司从事商业战略和产品管理实践。我的客户主要是摩根士丹利、华纳兄弟和康卡斯特有线电视等《财富》"世界500强"公司。在各种任务中，我与一群有才华的人合作，他们来自各种专业领域：从财务和会计到销售、工程、品牌营销、分析、研究、文案撰写和体验设计。同时，我很幸运能够与美国、加拿大、欧洲各国以及日本的客户合作，这让我能够观察到企业和民族文化的差异。

目前，作为一家电子商务科技公司的部门领导和人事经理，我把大部分时间都花在指导团队成员上，以帮助他们充分发挥潜力。我也花了很多时间通过他们的交付成果、技术与技能的应用、工作风格和协作能力来评估其表现。

在我的职业生涯中，既有成功的经验，又有失败的教训，搞砸过重要的推介演示，也曾在与客户的基本互动中犯过错误——有过好日子，也有过坏日子。我曾面试和聘请过数百人，但也不得不让团队成员接受绩效改进计划，解雇表现不佳的员工。在我二十多年的职业生涯中，我从自己的经验以及众多教练和导师的经验中学会了判断什么可行、什么不可行。

在撰写本书时，我希望能和你分享一些经验和最佳实践。希望能告诉你职场中的行为规范，让你有一个良好的开端。

雇用应届生的优势

随着新一代人才的到来，现代劳动力在过去的几十年里发生了重大变化。如今的大学毕业生在许多方面都胜过前几代人，雇用他们，可以给任何工作场所带来诸多好处。让我们来探索一下当今年轻专业人士的特征和技能。

我们父母那一代人的期望似乎更简单一些。只要有文科学位并且对微软办公软件有基本的了解，他们就能成为最优秀的雇员。如今的大学毕业生面临着更激烈的就业竞争，但他们拥有更广泛的多样化技能，为快速发展的商业环境做好了准备。今天的年轻专业人士是在数字时代长大的，从出生起就开始接触科学技术。因此，他们拥有先进的技术和技能，能够在编程、数据分析、社交媒体营销等领域处理复杂的任务。

年轻一代更有可能足智多谋，拥有出色的研究技能。他们更善于快速发现和评估信息，这使他们能够胜任需要解决复杂问题的岗位。新人为工作场所注入新鲜的血液，带来新的活力和新的视角。他们挑战旧的思维方式，并有助于工作中的创新。今天的年轻专业人士被成功所驱动。他们愿意付出足够的努力来完成工作，并且总是在寻找改进和成长的方法。这一代人不惧变化，能很快适应新环境。他们也愿意尝试新事物，不害怕冒险，这对希望实施新举措的公司来说是有益的。

今天的年轻人是任何工作场所的资产。他们先进的技术技能、出色的研究能力和乐于接受变革的心态，使他们成为各种复杂角色的理想人选，而这些角色在上一代人之前甚至不存在。

当今人才的常见盲点

应届毕业生虽然有其优点，但也存在一些阻碍他们在职场中取得成功的常见盲点。在我的职业生涯中，我注意到年轻的员工在工作方式上往往存在重大的基础性缺陷。当然，我不是唯一注意到这些缺陷的人。2023年，《华尔街日报》和《纽约邮报》发表了多篇文章，讨论为什么"Z世代"的年轻人在职场上遇到了困难。resumebuilder.com对1000名曾与"Z世代"年轻人共事的经理们进行了一项调查，他们的发现令人惊讶且发人深省。

　　除了需要在基本的办公室技能方面进行打磨之外，年轻人还应尽量避免常见的偏见、错误和误解。本节内容并不是要指责任何人，而是为了让你认识到在职场上，你的态度和性格可能会被他人以何种方式解读。

理所当然的心态

　　不少年轻人拥有理所当然的心态，这源于他们在学术和课外活动中所取得的成就给他们带来的认可和奖励。这种心态在一定程度上可以归因于学校中普遍存在的成绩膨胀现象，以及"直升机式育儿"的趋势。在过去的40年里，教育中"学生作为消费者"的做法与我们父母那一代相比有了显著增加，而当时学术要求更为严格。一项针对大学生的研究显示，目前有超过45%的学生获得了A的成绩，而在20世纪70年代这一比例仅为30%。

　　"直升机式育儿"指的是一种过度参与的育儿方式，家长过度干预孩子的生活，包括学术任务。这种做法在两个主要方面促成了成绩膨胀：奉行"直升机式育儿"的父母经常向教育工作者施压，要求给予更高的成绩或额外学分，他们的影响还可能使教育重心偏向于成绩，而不是真实的学习能力。这种膨胀会降低成绩的含金量，阻碍准确的学术反馈，进而导致学生无法适应职场期望。因此，尽管"直升机式育儿"不是造成成绩膨胀的唯一原因，但它在其中起着关键作用。

COVID-19 疫情和延长的隔离期也加剧了这一挑战。通常情况下，许多学生在远程学习的过程中遇到了困难，因此教师们被鼓励对学生的评分更加宽容。此时，教师们深刻意识到，学生的心理健康问题源于隔离以及其他复杂的家庭动态变化。大学也放宽了入学标准，比如，一些学校不再要求标准化考试(如SAT或ACT)。这是学术界前所未有的时刻，将对经历过这些时刻的学生群体产生持久的影响。

然而，如果没有一个平衡且分布均匀的评分曲线，学生可能会觉得他们都是"优秀"的，值得特别认可。但是，当你在《财富》"世界500强"科技公司、咨询公司、投资银行或律师事务所开始第一份重要工作时会怎样呢？如果你周围的每个人都很聪明，毕业于顶尖大学，成绩优异，那你又排在哪里呢？而且你的前辈同事可能没有类似的远程学习经历，也不像学校和老师那样宽容，这时候你又该如何应对？

在职场上，像高分或学位这样的学术成就可能不如一线实践经验和运用技能解决实际问题的能力那么有价值。在职场上，相比于你的成绩单或论文，你的批判性思维能力、有效沟通能力和解决问题的能力更有可能让你脱颖而出。

年轻人中盛行的"理所当然"的心态可能会导致职场上的一些问题，比如对快速晋升、高薪和微小努力的认可的期望。当这些期望在加速的时间表上无法实现时，还可能导致沮丧和失望。这会造成新员工和经验丰富的员工之间关系紧张，甚至损害新员工在公司内的声誉并阻碍其晋升。

值得深思的是，在整体高水准的环境中，个体的相对优秀是否本质上仍是平庸？若如此，关键要思考如何摒弃自我中心意识，并找到成为高效团队协作者的途径。换句话说，你需要明白，职场上的成功须通过努力工作、敬业精神和向公司展示你的价值来赢得。虽然在学校时成绩可能标志着成功，但在职场上却不能保证成功。在现实世界中，实践技能、与他人高效合作的能力以及强烈职业道德的展现是职场中受到重视并促使成功的特质。

高估或低估自己的能力

过度自信表现为急于接受超出自己知识或经验范围的任务。这种行为被称为邓宁-克鲁格效应或偏见(Dunning-Kruger effect or bias)，这种人高估了自己的能力，很难认识到自己的局限性。

这种自负心理可能导致职场新人在需要帮助或指导时不愿寻求帮助，进而错过截止日期或工作质量不佳。它还可能使需要收拾烂摊子的同事感到紧张和沮丧。因此，对于个人来说，重要的是了解自己的能力并在需要时寻求帮助或指导。这不仅有利于个人，也有利于团队和组织。

自信的反面往往被称为"冒名顶替综合征"。这是一种心理模式，即使个体已经取得了显著的成功或具备了相应的能力，他们仍然会怀疑自己的成就，并害怕被曝光为"骗子"。他们经常将自己的成就归功于运气，或者认为他们欺骗了他人，让人们认为他们比实际更有能力。在职场中，这可能会严重打击员工信心并增加压力。同时，员工可能因害怕失败而逃避新职责或领导岗位，为达不切实际的高标准而过度压榨自我，或怯于表达观点——这种行为不仅会阻碍其个人职业发展，还会破坏团队协作效能。因此，"冒名顶替综合征"会对工作效率、职场士气和专业发展产生负面影响。

　　另一个需要关注的方面是，在参与新项目或争取机会时，男性和女性在自信方面的差异。通常来讲，男性只要感觉自己部分符合要求并且可以在工作中学习其余部分，就会申请或自愿参加项目。另一方面，许多女性可能只会在她们对自己的能力有100%的信心，能够保质保量完成工作时，才会自愿承担任务。这种现象被称为信心差异。我不想评判哪一种态度是对的或错的，但这很可能是导致职场中男性和女性潜在差异的原因之一。

　　自我意识是职场中的关键属性，是专业成长和有效人际关系的基石。重要的是在自信和谦逊之间找到平衡；过度自信可能导致忽视关键细节或不承认需要改进的领域，而缺乏自信可能会阻碍一个人充分发挥自己的潜力，使他们回避机会。为了培养敏锐的自我意识，应积极寻求来自经理和同事的建设性反馈。这样的反馈提供了一个外部视角，有助于充分认识到自身亟待利用的优势和需要发展的领域。积极践行这种反馈机制，能帮助职场人以清晰的方向和明确的目标规划职业航道，从而构建持续进化的成长闭环。本书将在后面的章节中讨论如何获得有效的反馈。

缺乏沟通和跟进能力

　　高效沟通和跟进的能力在工作场所中是至关重要的。沟通不畅容易导致误解和错失机会。其根源往往在于信息传递的清晰度与精准度不足。例如，管理者下达指令时缺失必要细节或背景信息，易造成执行混乱与效率低下；过度使用专业术语或复杂表述(超出听者的认知水平)，则会形成沟通障碍。此外，肢体语言、语音语调等非语言信号的误读同样会导致理解偏差——这些隐性要素承载的信息量常与显性话语等同。

沟通不畅的另一个重要原因是缺乏积极倾听。在团队会议中，如果参与者更专注于他们接下来要说什么，而不是全神贯注地听演讲者说话，那么关键细节或细微差别可能会被遗漏。同样，拒绝或不承认同事的意见也会导致沮丧和沟通中断。例如，在头脑风暴会议期间，如果团队成员的想法被忽视或未经讨论就被拒绝，他们可能会感到被低估，并且不太可能在未来作出贡献。

此外，文化和语言障碍也会导致沟通不畅。在不同的工作场所，由于不同的沟通方式、社会规范或语言水平，误解可能会发生。例如，一个团队成员可能会把同事的直率误解为无礼，或者一个来自外国的团队成员可能会因为语言壁垒而难以精准地传达想法。如果未能构建跨文化适应与包容性沟通的策略，这些障碍会严重削减工作场所的沟通效率。

重要的是，你的表述要简洁明了，并保证及时跟进。其他团队可能会把你的输出作为他们工作的输入，因此及时更新是至关重要的。

不切实际的时间期望

许多刚进入职场的年轻专业人士往往对自己的职业发展速度抱有理想主义的期望。这可以归因于各种因素，包括社会压力、过度强调快速发展的成功故事以及缺乏对职场现实的了解。例如，受媒体上流行的快速成功故事的影响，他们可能期望在第一年得到晋升或大幅加薪。此外，由数字技术和社交媒体上的意见领袖所驱动的即时满足文化，可能使他们习惯于期待立竿见影的结果，而这通常不符合职业发展的规律。

此外，这些期望可能与公司结构和业务需求的现实不一致。大多数组织都建立了晋升和加薪的制度，通常与年度评估周期有关。此外，组织岗位扩容需求可能并不总是与个人的职业准备度相一致。例如，一家公司可能面临预算紧缩或高级职位编制冻结。另一方面，虽然年轻员工可能觉得自己已经具备晋升条件，但从公司的角度来看，他们可能仍需要培养某些技能，获得更多经验，或者随着时间的推移证明自己的可靠性。

对于年轻的职场人士来说，须知职业发展是一场马拉松，而不是短跑，这一点至关重要。它需要持续的努力、不断的学习、耐心以及面对挫折时的适应力。满足或超过当前岗位的要求，通常是承担更多责任或晋升到更高岗位的先决条件。同样重要的是记住，每个人的职业生涯都是独一无二的，应多关注个人成长和技能发展，而不是执着于与他人比较。拥有现实而长远的眼光有助于你实现更充实、更成功的职业目标。

背景与同理心差距

初入职场的年轻人可能无法理解某些结构和流程存在的原因，倾向于质疑或抵制它们，而没有考虑它们背后的逻辑。重要的是保持开放的心态，理解某些流程、结构和激励措施的存在是有原因的。这些结构可能在某个时候或某种情况下是最好的选择。

如果你想在一个领域成为颠覆者，那么在进行大规模结构性变革之前，有必要深入掌握该业务领域的内部知识并拥有敏锐的洞察力，尤其是在高度监管的领域，如金融、医学、保险等。你可以把第一份工作看作研究角色，这样当你开始自己的创业之旅时，就可以了解未来竞争对手的能力和局限性。

过度坚持不妥协的信念

年轻人往往对自己的信念充满热情且坚定不移，尤其是在涉及社会公正时。这是一种积极的特质，但因为并非所有人都持有相同的信念，它也可能导致职场中的冲突。并非所有人都会以同样的方式看待事物，因此必须尊重他人的意见并考虑他人的看法。你需要记住，并非所有人都希望将自己的信仰带到工作中，许多人倾向于完全避免与政治、宗教、种族、身份等敏感话题相关的对话。

年轻一代通常希望将"完整的自己"带到工作中，并且非常关心社会、环境责任以及企业价值观；年长的一代则往往认为这些话题更适合社交场合，更喜欢将工作与个人生活严格区分开来。即使人们可能对某个话题有相似的看法，也不一定认为工作场所是进行这些讨论的合适场所。这可能会引发各种棘手的情况，有时还会招来人事部门的约谈和正式警告。

不擅长化解冲突

新员工也可能在人际交往技能方面捉襟见肘，比如化解冲突的能力。这在一定程度上可以归因于之前提到的"直升机式育儿"方式。这可能意味着家长经常干预孩子生活中的每一件小事，并将其升级到学校管理层。因此，年轻人可能没有机会学习如何独自处理冲突或如何有效地与他人沟通和协商以解决分歧。

如果处理不当或不够谨慎，升级的情况往往会对各方产生负面影响。缺乏解决冲突的经验和培训可能是职场中的一个重大挑战，因为冲突是不可避免的，必须有效地应对冲突以维持与同事、经理和客户的良好关系。

太多的干扰

　　智能手机和社交媒体是现代生活中不可或缺的部分，也是当今职场中必不可少的工具，但也可能是重大的干扰来源。不断涌入的通知、消息和更新会分散注意力，导致工作效率降低。切换上下文，即在不同任务或关注点之间切换，可能特别耗费精力，进而导致工作效率低下。例如，一名负责撰写详细报告的员工可能会因为社交媒体通知而中断工作流程。在中断之后返回到原来的任务可能需要相当多的时间和精力，进而降低整体工作效率。

　　此外，频繁使用智能设备和社交媒体可能导致注意力持续时间缩短，因为即时获取的信息和娱乐促进了对即时满足感的期望。这可能导致员工在工作中难以集中精力完成更长、更复杂的任务。一个人可能会发现自己在开会时习惯性地查看手机，或者在电脑上频繁切换不同的标签和应用程序，而没有在实际工作任务上取得多少进展。关键是建立界限并有效管理智能设备的使用。这可能包括设定查看电子邮件或社交媒体的时间，在集中精力工作的期间关闭非必要通知，甚至使用应用程序提醒自己集中注意力。了解智能设备中可能存在的陷阱可以帮助个人更有效地使用它们，这样既能享受它们提供的好处，又能集中精力、不受干扰地工作。

　　年轻人应当了解并努力改善上述常见的盲点。随着时间的推移，年轻有才的人可以通过努力克服这些挑战，在职场上取得成功。

居家办公礼仪

　　COVID-19疫情改变了很多人的工作方式和职场人际交往方

式。越来越多的人在家工作，工作和生活之间的界限变得模糊，这使得在工作和生活之间保持健康的平衡变得具有挑战性。居家办公的灵活性有其好处，但也带来了一些挑战。

从积极的一面来看，居家办公可以节省通勤时间，让你对自己的工作环境有更多的控制，从而提高工作效率和专注度。你还可以有更多的时间享受个人生活。此外，远程工作还允许公司扩大业务范围，从世界各地招募人才，而不局限于当地。

然而，在家工作也可能降低你在同事和上司面前的可见度，使你很难建立紧密的人际关系，也很难因成就而得到认可和晋升。你必须更加有条理地进行沟通和协作，因为你错过了通常会带来新想法和解决方案的非正式面对面交流。此外，在家工作可能会模糊工作与个人生活的界限，导致疲惫不堪、压力过大，并损害心理健康。

从虚拟沟通的技巧到如何在远程环境中管理项目，这本书涵盖了远程办公的方方面面，一定能助你在远程办公新常态下取得成功。因此，无论你是刚刚步入职场的应届毕业生，还是在异国他乡适应当地习俗和职业礼仪的职场人士，或是只想更新知识的人士，这本书都将为你提供帮助。

如何使用本书

专业度和礼仪指的是一套不成文的规则和标准，规定了个人在职场的行为举止。它们包含了一系列习俗、准则和行为，对于成功驾驭现代职场至关重要。

专业度和礼仪的重要性怎么强调都不为过。在当今快节奏和竞争激烈的商业环境中，可靠、专业和高效的人设是至关重要的。这就要求每个人都有良好的判断力，遵循易于理解的指导方针，并清晰而简洁地进行沟通。

专业度和礼仪也强调尊重和善待他人的重要性。无论是与同事、客户还是经理打交道，都应保持积极和专业的态度。通过这样的行为，个人可以与周围的人建立互相信任的、牢固的关系，这是在职场取得成功的关键。它们还可以帮助个人表现出自信、能力和可靠性，在当今要求苛刻的职场中，这些都是关键品质。

由于上述规则在很大程度上是隐含的，我想把它们写下来，给你一个速成课程，告诉你应该怎么做。请把这本书看作高效工作、生产和沟通的参考手册。这本书可能没有涵盖所有的答案，但它会为你指明正确的方向，并助你发展判断能力。

这本指导书的设计具有灵活性，既适合全面阅读的读者，也适合那些寻求具体见解的人。对于那些希望全面了解职场规则的人来说，这本书可以从头到尾一口气读完。另外，对于那些有针对性的问题或需要快速参考的人来说，这本书的组织结构允许轻松导航到特定的部分。无论你是深入钻研还是略读细节，都会发现这本书是为适应不同的阅读方法而设计的，确保信息易于获取和消化。

本书涵盖几个重要的主题领域

本书的第一个主题是"找到你的北极星：如何树立良好的心态"。这一章旨在帮职场新人设定合理预期，以正确的心态对待第一份工作。它涵盖了动机、雄心、竞争等方方面面，并教你从全新的视角思考工作成就感。

接下来的主题是"确定具体的工作目标"。这一章重点帮助你了解自己岗位的目的以及要求。你将学会设定明确的目标，定义你的工作职责，并使你的工作与组织的目标保持一致。

"如何与上司沟通"这一主题将指导你与上司和其他高层管理人员建立积极的关系。你将了解开放沟通、寻求反馈和建立共同期望的重要性。

下一个主题是"完成各项任务"。这一章旨在教你管理期望和最后期限。本部分内容重点关注如何提高你的工作效率，保持条理性，以及按时兑现你的承诺。你将学习如何安排任务的优先顺序，制订行动计划，以及跟踪目标的进展。你将学习如何充分利用你的时间，平衡工作和个人责任，以及设定合理的期望。

"合作的关键作用"这一主题关注如何在团队环境中协同工作。这一章探讨如何建立信任，如何有效互动以及如何跨部门管理大型团队项目，并提供了实用的技巧。

"管理冲突"这一主题旨在提供在职场中处理困难情况和解决冲突的策略。你将了解沟通、积极倾听和同理心的重要性，而这些策略将帮助你培养处理冲突的专业技能。

"留下良好的印象"这一主题重点关注如何在职场中产生积极的影响。这部分强调穿着得体、举止专业以及在办公室保持专业风度等。它涵盖了各种细节，像如何写费用报告，如何挑选适当的办公室礼品，等等。

"与客户和同事打交道"这一主题强调在职场中与他人建立良好关系的重要性。你将学到建立人际关系网的技巧，建立牢固的职业关系，以及以积极的态度代表你的组织。本章还将介绍常见的陷阱以及应该避免哪些行为。

"掌握沟通技巧——建立联系"这一主题探讨如何用最合适的方式与你的同事、客户和经理打交道。这是本书的关键章节，因为沟通是你创造和展现人设的主要途径。你将学习与他人有效沟通的技巧，包括写电子邮件、打电话和参加团队会议的技巧。

"报告与演示"这一主题涵盖工作场所常用的各种书面可交付材料，例如报告和演示文稿。这一章强调清晰简洁的写作、适当的格式和语气的重要性；还将讨论如何有效地表达复杂的想法和呈现复杂的数据。此外，本章还将分享一些切实可行的技巧，教你如何在提交书面材料之前核对并获得建设性反馈。

"办公工具"这一主题旨在帮助你最大化使用办公工具的效果，例如微软办公软件(Microsoft Office)、文件存储以及项目管理套件。这一章充满了各种实用的技巧，教你如何在涉及大量文档、可交付成果和项目截止日期的团队项目中巧妙地进行协作。这一章还将提供有效的笔记技巧和文件化策略。

"管理日程"这一主题探讨有效的时间管理方法。此章将讨论一些基本的工具，以帮助你最大限度地提高工作效率和集中精力。此外，你将学习如何安排小组会议以及协调团队日程的复杂机制。

"会议组织与管理"这一主题涵盖了面对面聚会的礼仪以及当今虚拟或混合工作环境中的规则。你将学习组织面对面聚会，充分利用视频会议技术以及通过数字媒体保持专业沟通的最佳实践。

"职场中的社交媒体"这一主题涵盖社交媒体在现代职场中日益重要的意义、为工作目的使用社交媒体的潜在好处和缺点、使用社交媒体的一般指南以及使用社交媒体平台的最佳实践，包括LinkedIn等。此章还强调了将个人和专业社交媒体账户分开的重要性，并提供了切实可行的建议，教你如何在网上保持积极的公众形象和声誉。

"职业发展"这一主题关注如何推动你的职业发展以及实现你的职业目标。你将认识到持续学习、建立专业网络和设定职业目标的重要性。无论你是刚刚开始你的职业生涯还是正在寻求转变，这部分内容都将为你的旅程提供有价值的指导。

"薪酬和加薪"这一主题旨在帮助你更好地了解公司的薪酬周期。你将了解到什么时候要求加薪是合适的，以及如何适当地开始谈话以达到最佳效果。

"与外国人打交道"这一主题涵盖了不同文化中习惯的行为之间的细微差异。你将了解不同文化背景下办公室行为的差异。你还会学到在职场和社交环境中如何与外籍人士打交道。

找到你的北极星：如何树立良好的心态

　　从校园到职场的转变是一个和时间一样古老的故事——至少和现代公司一样古老。想象一下，你正站在一个十字路口：一边是你熟悉的场景——深夜临时抱佛脚、宿舍辩论和咖啡续命完成作业；另一边是崭新的广阔天地——商务休闲装、精心计划的会议和坚守的底线。而你，我的朋友，正准备带着新鲜出炉的学位证和满腔抱负迈出这一步。

　　我记得我在一家科技公司的第一天。当时我是一名渴望成名的年轻毕业生。当我走进这座巨大的玻璃大楼时，我不仅感受到了我第一笔薪水的重量，还感受到了随之而来的责任。我穿的那双闪亮的皮鞋似乎有点紧，这并不仅仅是因为它们是新的。它们象征着过渡和新的期望。然而，在恐惧的背后是兴奋——渴望学习，渴望成长，渴望在这个庞大的公司中找到自己的位置。

　　开始你的第一个职场角色时可能会有这样一种感觉：拿到了一辆崭新进口车的钥匙，但没有使用手册。毫无疑问，这是令人兴奋的，但也有对未知的恐惧。你知道如何无缝换挡吗？你如何确保自己不只是开车，而是跟随导航向目的地前进？在这本书的后面，我们会教你如何保持高效率和如何掌握特定职场技能，但就目前而言，重要的是确保为你的第一个职场角色设定正确的个人目标和期望。本章的目标是成为那本缺失的手册，引导你了解动机、抱负以及两者之间的细微差别。我们还将介绍一个自我评估框架，以确保你在正确的方向上持续成长。

📢 第一份工作中的关键角色：从机会沙盒开始 ▶

　　职场生活的喧嚣和忙碌一开始可能令人生畏，但是仍须理解你最初几年的主要角色。可以将你的第一份工作想象成一个沙盒：一个专门为实验而设计的环境，而不会有严重的后果。虽然沙盒允许试验和错误的空间，但你采取的每一项行动、建造的每一座城堡，都会构成潜在的学习曲线，反映出你的方法和态度。在你的第一份工作中，有三个关键支柱——动机、技能的发展和关系的建立。我们稍后将更详细地探讨这些领域。

展示动机

虽然沙盒的隐喻唤起了玩耍的意象，但公司的"游乐场"远非儿戏。虽然你有一定的容错空间，但你的动力、热情和好奇心会在早期阶段响亮地回响。它们不仅在你当前工作场所的走廊里回响，还常常为未来的机会和合作定下基调。

在公司里，一个积极进取的人不仅常常急切地早到，还总是寻求挑战、预见障碍并积极寻求解决方案。还记得大学里的小组项目吗？现在的机会成本更高了，舞台也更广阔了，但基本原则依旧——不仅要参与，还要推动前进。动机和心态是紧密交织在一起的。

发展技能

当你开始时，将你的技能想象成一个工具带。最初，你可能只有一把锤子(学术知识)和一把螺丝刀(热情)。你的任务是什么呢？使这套工具多样化，让其中充满各种工具，以应对各种挑战。当你找到立足点时，你的技能得以发展，你的工具带开始充实起来。

我清楚地记得我第一份工作的第一天。那时我面对一个复杂的电子表格任务，需要从一个大的Excel表中推断出洞见和模式。处理这个任务需要用到数据透视表方面的专业知识，但这对我来说是未知领域。而且，当时还没有YouTube教学视频和Udemy课程。然而，去书店一趟，并深入研究一本全面的Excel指南(附带互动式CD-ROM)之后，我变得更加熟练。有何启发？永远不要回避挑战——它们是提升技能的门户。

每一个项目、每一次团队互动、每一个挑战都是发展技能的机会。也许在一次棘手的团队会议之后，你会拾起解决冲突的扳手；或者在一次头脑风暴会议之后，你将获得战略思考的钳子。需要记住的是：你的目标是不断提升能力，确保每过一个月，你的技能都会变得更丰富。

建立关系

在企业动态领域，关系是最重要的。但是建立关系不能局限于项目合作或团队头脑风暴会议。你现在所奠定的基础——无论是与同事、主管还是跨职能团队，都可以为持久的职业联盟铺平道路。如果你在一个紧密联系的行业中工作，通过不同的雇主，你的职业生涯很可能会与这些人有交集。

在职场中，建立关系的本质在于真诚地参与、积极倾听和相互尊重。你的角色不局限于完成任务，还须建立一个具备支持性和协作性的人际网络。建立信任以及有效地获取和提供反馈，是成为一个熟练合作者的关键要素。因此，理解团队动态、有效沟通(尤其是保持同理心)至关重要。这些不仅是软技能，还是黏合公司结构的水泥。不论互动如何，你都希望留下持久的积极印象。

理解动机与动力

在动机的广阔王国中，有两个至高无上的君主：内在动机和外在动机。简而言之，内在动机是内心的火花，是你对手头任务的真正热情和兴趣。正如仅仅因为兴奋而破解复杂密码的乐趣，或者是帮助客户的满足感，即使没有佣金，你也甘之如饴。

另一方面，外在动机是外生的。它是胡萝卜加大棒的模式，比如丰厚的奖金激励、晋升承诺，甚至是失业的威胁。虽然它很强大，但它的作用就像糖分刺激一样——短期内有效，但可能缺乏其内在对应物的可持续性。

◀ 为什么金钱不是唯一的驱动力？超越表面的激励

坦率来讲，金钱是必不可少的，毕竟它能让灯一直亮着。但金钱是唯一驱动力吗？远非如此。超过某个点之后，金钱作为主要驱动力的魅力就会消失。一旦基本需求和一些奢侈品需求得到满足，从每增加一美元中获得的边际幸福感或边际动力就会减少。

占据主导地位的因素包括工作满意度、成就感、与同事的友谊、学习机会以及工作与生活的平衡。这些无形的因素有时甚至比薪水的实际重量更有分量。本质上，这就是拥有一份工作和拥有一个目标之间的区别。

企业环境中的雄心

企业语境中频繁出现"野心""动力"和"抱负"等词汇。虽然它们通常可以互换使用，但它们之间有细微的区别。野心是对成就的原始渴望，通常与升职或荣誉等有形结果联系在一起。然而，抱负则更为崇高。它是一种真诚的愿望，想要成长、进化和发挥自己的潜力，而不受外界认可与否的影响。

◆ 健康的抱负和盲目的野心之间的界限

健康的抱负是推动我们前进的燃料。这种激情促使我们学得更多，做得更多，背负得更多。然而，当这种激情变得盲目而不受控制时，它就是有害的。盲目的野心是一种想要不择手段取得成功的欲望，它通常让人摒弃道德、人际关系和个人福祉。被这种欲望控制的人眼里只有成功，看不到成功背后的代价。这让我想起了我在威廉莫里斯(William Morris)公司的两个早期的同事——一个被盲目的野心所驱使，另一个被目标所驱使。

过去我曾观察两个同事——就称他们为艾伦和贝丝吧。艾伦很敏锐，很有进取心，一心想在公司里往上爬。他不知疲倦地工作，经常超越别人，有时甚至不惜牺牲他们的利益。他会在谈判中过河拆桥，而不考虑建立持久的关系或吸引回头客。升职和荣誉接踵而至，但关于他残忍手段的传闻不绝于耳。

相比之下，贝丝很勤奋，但不太咄咄逼人。她秉持协作成长的理念，经常帮助队友，并注重个人和职业的全面发展。客户喜欢她的敬业精神，总夸她是一个强有力的倾听者，并且能够为他们找到符合其职业目标和个人抱负的激情项目。她不是那种只想让客户进入预算最大的电影公司大片的人。虽然她的晋升速度似乎比艾伦慢，但她建立了持久的人际关系、正直的声誉以及丰富的职业发展轨迹。

多年过去了，当一切尘埃落定，贝丝留下的是尊敬、钦佩和真正的领导力。她的客户获得了一长串行业荣誉和奖项。相反，尽管艾伦早期取得了成功，但最终发现自己被孤立，失去了很多建立真正关系的机会。虽然他们起初是同事，但最终还是贝丝领导了她的部门。

📢 驾驭竞争：良性竞争与恶性"内卷"

职场竞争就像菜里的盐。适量的竞争可以改善工作表现，促使个人发挥出最好的水平，营造一个充满活力、能量充沛的工作氛围。但是过量呢？恶性"内卷"很快会让事情变得难以接受，甚至有害。

良性竞争的好处

产生力争上游的推动力：将竞争视为友好的较量。有能力的同事可以激励你磨炼技能，提出创新解决方案，并跟上行业趋势。

合作胜过孤立：良性竞争往往为合作铺平道路。当团队成员互相竞争时，他们最终也会分享知识、见解和最佳实践。他们互相挑战，但也一起成长。

关注自我成长：这场比赛不只是为了超越别人，也为了超越过去的自己。它促使你设定个人基准，并不断努力超越它们。

恶性"内卷"的危险

产生零和博弈心态："一方要赢，另一方就必须输"的信念可能阻碍个人的成长。这种观点培养了一种文化，在这种文化中，个人更专注于拉低他人，而不是提升自己的表现。

牺牲道德： 当唯一的焦点是不惜一切代价赢得胜利时，道德考虑就会退居次要地位。这可能表现在以下几方面：攫取不应有的荣誉、排挤同事，甚至为了获得优势而采取不正当的手段。

产生倦怠和心理健康问题： 在一个竞争激烈的环境中，不断超越他人的压力会导致极度的压抑、焦虑和最终的倦怠。这不仅对个人健康有害，还会削弱团队的士气和凝聚力。

错失协同机会： 在恶性"内卷"的氛围中，个人往往会错过集体智慧的力量。他们没有凝聚优势，而是各自为战，常常导致重复劳动和错失机会。

保持适当的平衡

为了确保竞争成为成长的催化剂而不是抑制剂，有必要采取以下措施。

庆祝集体胜利： 认可并奖励合作努力。明确个人成就固然重要，但团队合作和集体成功更为重要。

开放反馈渠道： 创建一个开放而包容的环境，让人们可以毫无恐惧地表达他们对竞争动态的担忧。这有助于早期发现恶性趋势。

以身作则： 作为一个在企业迷宫中穿行的人，你应当以身作则，因为你的行为会为你的团队定下基调。展示健康的竞争实践，你的团队很可能会效仿。

总之，当以同理心、道德和集体成长为导航时，竞争可以成为企业的强大工具。企业的运营是一项团队运动。个人可以成为超级明星，但最终赢得比赛的是团队。保持警惕至关重要，这可以确保你的竞争力仍然是一股善力量,推动个人和团队在不损害福祉和诚信的情况下追求卓越。

📢 成为技术资产:未写明的有用性使命

除了精心制作的简历和排练过的面试答案,每个新员工都背负着一个不成文的期望——成为真正有用的人。这不是简单地在清单上打钩,而是积极寻找增加价值的途径。这一点正是仅仅完成任务的人与那些能提升经手的每个项目的人之间的区别。

深潜,了解暗流

要成为真正有用的人,仅拥有表面的知识是不够的。关键是了解你所在组织的深层趋势——决策是如何做出的,团队动态的脉搏,公司文化的细微差别,以及更广阔的行业前景。

例如,在一家电子商务公司工作,不仅要了解在线销售产品的交易层面,还须认识到运营、产品开发、营销、财务、供应链、客户服务和技术的协同运作——这些环节协调配合,才能创造无缝的购物体验。

绘制行业格局

透彻地了解你所在行业的情况,就像一个航海家在地图上标出未开发的领域。这包括三个方面:识别行业模式,识别行业增长领域,并使自己的发展与新兴趋势保持一致。

就像船长需要通晓海流和天象才能驾驭航船,专业人士必须洞悉所处行业的起伏规律。这不是被动的行动，而是对知识、洞察力和远见卓识的积极追求。

解码价值链

每个行业都依托独特的价值链运作——这是一系列环环相扣的流程，每一步都在创造并积累价值。要真正了解所处行业，必须洞悉这条价值链。它能提供宏观视角，揭示不同的元素如何相互联系并彼此影响。

例如，在电子商务领域，要理解价值链，需要洞悉制造商、分销商、营销机构、数字平台以及最终消费者之间微妙的相互作用。

顺应趋势和创新

行业不是一成不变的，而是由创新、技术进步和不断变化的消费者偏好等因素塑造的不断进化的有机体。要想与时俱进，就必须跟上这些变化。这包括以下三点。

定期研究：阅读行业报告、期刊和智库的见解。

建立人脉：与业内同行交流，参加线下研讨会、网络研讨会和其他有意义的会议。

持续学习：参加课程，参加专题研讨会，或获得与新兴行业趋势相关的认证。

监管环境和地缘政治的影响

监管环境和地缘政治变化对行业的影响往往被忽视，但这一点至关重要。无论是影响科技公司的隐私保护法，还是影响制造业的贸易关税，都是不容忽视的方面，随时了解这些方面的最新信息，确保你永远不会措手不及。

对所在行业的全面了解不仅是你的荣誉，还是你看待自己的角色、责任和贡献的重要视角。通过成为行业大师，你不仅可以提升专业能力，还可以巩固你在任何组织中的地位。

了解市场动态

每个行业都有自己的主要参与者、新兴的颠覆者和细分领域专家。通过梳理这些主体的优势、战略和发展轨迹，可以清楚地了解竞争态势。这种洞察对于战略制定者乃至任何希望理解整体行业框架的人来说都极具价值。

无论身处哪个部门，都有必要透彻理解行业动态。以下关键问题可以让你深入了解行业态势及客户特征。

谁是我们最大的竞争对手？我们与他们的区别是什么？

这有助于了解公司的市场定位和独特的销售主张。

竞争对手通过哪些手段竞争？

是价格、功能、捆绑销售，还是增值服务？这将帮助你更好地理解如何对各种战略举措做出反应或不做出反应。

我们行业的最新趋势和发展态势如何？

通过洞察这些变化，人们可以预测市场走势并制定相应的策略。

我们如何定义目标客户群？他们的主要需求和痛点是什么？

认识到这一点，可以提供更有针对性的产品/服务，从而与客户群产生共鸣。

哪些技术进步或创新正在颠覆我们的行业？

这个问题更深入地探讨了技术创新带来的潜在威胁或机遇。

与竞争对手相比，我们的定价策略如何？

这将凸显贵公司是否定位为市场上的高端、中端或预算友好型参与者。

我们的客户留下了什么样的反馈或评论？这些反馈与竞争对手得到的反馈有何不同？

这些反馈可以揭示出市场中有待改进的领域或潜在的差距。

我们在销售和分销渠道方面与竞争对手有何不同？

这揭示了贵公司市场推广战略的潜在优势或弱点。

我们公司有哪些独特的能力？

你们有独特的制造能力吗？是否拥有垂直整合的供应链或价值链(即通过单一企业整合两个或多个通常由不同公司独立运营的生产环节，从而简化成本结构)？是否有一个内部团队(比如广告团队)，而竞争对手需要寻找外包机构？是否拥有独特的知识产权，例如成熟的品牌或专利？这将帮助你了解自己的核心优势和相对于竞争对手的持续优势。

我们的行业面临哪些监管或合规挑战？我们如何定位和应对这些挑战？

在金融、卫生或能源等行业，监管方面的问题会对运营产生重大影响。

谁是我们行业的意见领袖或有影响力的人物？他们对这个行业的未来有什么看法？

在微博或LinkedIn上关注这些人，可以预见到潜在的行业变化。

与竞争对手相比，我们公司的文化和价值观如何？

除了产品和价格，文化差异也值得深入了解，这有助于洞察在岗稳定率、客户服务标准和整体品牌认知。

掌握这些问题的答案后，新人就可以迅速对行业形成全局性认知，从而做出明智的决策，制定积极的策略，并提高自身在讨论和项目中的价值。

建立持久的关系

在职场错综复杂的舞步中，人脉的构建不是次要的注脚，而是持久成功的核心要素。建立真诚的关系意味着超越事务性的互动，培养相互理解、信任和尊重的关系。你能否被视为高效合作者和值得信赖的伙伴，取决于以下几个基本支柱。

首先，积极倾听是至关重要的。这表明你重视他人的意见，并渴望理解不同的观点。其次，可靠性。这体现在始终如一地履行和兑现承诺，有助于培养信任。真实性也起着关键作用——人们倾向于欣赏那些保持真诚，能够同时展示优势和劣势的人。无论是在成功时还是在困境中，定期的沟通都是必要的，有助于避免厚此薄彼，确保合作者勠力同心。

最后，同理心(即感知他人情绪和观点并与之产生共鸣的能力)是建立深厚人际关系的基石。从本质上讲，在职场中，就像在生活中，关系就像我们建造的桥梁，把单打独斗的孤岛转化为紧密相连、和谐共生的集体成就群岛。下面让我们更详细地剖析其中的一些领域。

信任的货币

在金融领域，信用评分反映了金融的可信度。在职场领域，信任的运作方式与此类似，只不过它更加不可捉摸，并且源于长期的一致行动。每一次承诺兑现、每一次按期交付、每一次诺言践行，都在为这份"信任资本"添砖加瓦。信任一旦建立起来，这份资本就会成为强有力的货币，可以敲开合作的大门，巩固一个人在组织中的地位。

想象一下，你正在做一个复杂的项目，突然遇到了一个问题。你会向谁求助？是一个不断证明自己才能的同事，还是一个行为不可预测的同事？答案是显而易见的。建立信任不是靠摆阔的姿态，而是要始终如一地展示自己的正直和可靠。

可靠性：敬业精神的无声宣言

可靠性类似于传递一条无声的信息："你可以依靠我。"它意味着敬业、一种责任感，以及对自己角色的坚定承诺。但仅仅按时完成任务是不够的。它要求你预见潜在的障碍，有效地沟通，并确保最终结果符合期望。仍以电子商务场景为例：一个在线购物者下订单，期望你在两天内交付。如果产品按时送达，则你被认为是可靠的。如果送货晚了，顾客很可能会把生意转到其他地方并进行下一笔交易。但如果你提前交付，积极沟通，并且货品完好无损，结果就会超出预期！同样，在职场中，可靠性是指始终如一地达到预期，甚至超出预期。

诚信的连锁反应

信任和可靠是铸就个人职业声誉的基石。建立信任并把自己塑造成一个可靠的人不是一蹴而就的。这是一段持续的旅程，需要不间断的努力、坚定不移的承诺，以及真诚地提供价值的意图。俗话说："信任是建立在一致性之上的。"在职场中，这听起来再真实不过了。

可信赖特质带来的益处早已渗透到眼前任务或项目之外。它们塑造观念，影响合作，并且会带着奔涌而来的机会。一个可靠的人不仅被看作当前资产，而且被视为未来事业上有潜力的人物。

此外，可信度还会产生连锁反应。当你被公认为值得信赖的人时，这不仅能提升你的个人品牌，还能提高你所在团队的声誉，进而提高你所在组织的声誉。

学会说"是"，但也要知道何时说"不"

要成为有用的人，通常需要不断进步，承担责任，有时还需要在本职工作之外冒险。这要求你对挑战说"是"，即使它们看起来令人生畏。然而，认识到自己的极限也同样重要。过度投入会导致精疲力竭和工作不达标。所以，积极主动固然令人钦佩，但同样重要的是，要确保你的工作质量保持在一流水平。

反馈：个人成长的黄金指南针

带着期待和忐忑面对反馈实属人之常情。没人乐于听到自己犯错或偏离目标。但是，我们将要探讨的是：反馈无关对错，而是关乎成长、调适与精进。

人们普遍存在一种认知误区：反馈即批评。但这就好比只看到一棵树而错过了整个森林。

建设性的反馈：此类反馈指出了需要改进的地方，但也提供了可行的建议。它不强调你做错了什么，而是引导你下次做对。

正强化：听到别人说你做对了什么，会强化你的行为。这是一种暗示："继续朝这个方向走。"

中性的反馈：经常被忽视的是那些既非正面亦非负面的反馈，但它们往往能提供大量有价值的见解。它可以帮助我们理解规范、标准和预期的基线。

◆导航反馈——该做和不该做

积极倾听：不仅要听见言语，还要理解其中隐含的信息。如果有不清楚的地方，就要求对方澄清问题。

不要有戒心：听到负面反馈时，我们的第一反应可能是为自己的行为辩护。请抵制这种冲动。反馈是一种观察，而不是攻击。

主动寻求反馈：不要等着反馈来找你。定期向上级、同事甚至下属(如果你有下属的话)汇报你的表现。

根据反馈采取行动：接受反馈是成功的一半。另一半则需要你付诸行动，改进方法，并展示你的适应性。

具有指南针功能的反馈：想象一下没有指南针的航行。你可能仍然会到达目的地，但可能需要更长的时间，走很多弯路。在职场中，反馈就像指南针一样。

指导：它为你指明正确的方向，确保你的精力被有效地引导。

路线修正：如果你偏离了轨道，及时的反馈可以帮助你调整路线，从而节省时间和资源。

职场的旅程注定充满挑战，但反馈可能是照亮你道路的火炬。通过寻找反馈，理解反馈，并根据反馈采取行动，你不仅展示了自己对岗位的承诺，也展示了你对个人成长的承诺。记住，每一条反馈都是你成为更完美、更高效、更自信的职场人的垫脚石。

在职场的宏大画卷中，人脉的建立不是一条装饰线，而是能够将不同的部分紧密联系在一起的纽带。在你的职业生涯中，请记住，虽然个人成就可能会带来短暂的关注，但真正照亮你道路的是你建立和维护的持久关系纽带。真诚、善解人意、可靠的"人设"不仅会让你成为团队的资产，而且能确保当你回首往事时，你的旅程中点缀着有意义的联系和共同的成功。在这个领域，成功不是简单地爬梯子，而是确保其他人和你一起提升。

📢 马拉松式视角：在职场中打造你的遗产

在职业生涯这场长跑中，须知它更像一场马拉松。每一步都为下一步奠定基础，每一个瞬间都是塑造身后遗产的机会。

初入职场，正如站在活力四射的起跑线上。这里有喷薄而出的激动、略带紧张的气息，以及充满无限可能的未来。虽然以全速冲刺很诱人，但经验丰富的跑者和专业人士都知道，控制节奏很重要。

一致性胜过速度： 从长远来看，真正重要的不是闪光，而是持续稳定的进步。

恢复与反思： 正如马拉松跑者需要一些时间来喘口气或调整步伐，职场人士也必须抽出时间来反省和调整自己。

愿景的重要性： 每个马拉松跑者的背后都有一个愿景——一个驱使他们跑完一程又一程的理由。在职场中同样如此。

设定长期目标： 虽然短期的成就能给你带来即时的满足感，但长远的目标才能给你指明方向。

与核心价值观保持一致： 在琐碎的日常工作中，你很容易忘记自己的价值观。定期回顾和调整价值观可以确保一个充实的旅程。

打造你的遗产

每一次互动、每一个项目和决策都为你身后的遗产添砖加瓦。要打造这一遗产，你需要做到以下几点。

建立真诚的关系：这不仅仅是人际关系的问题。真诚的关系是建立在信任、尊重和共同成长基础上的纽带。

持续学习：职场是不断发展的。保持知识更新、技能精进，并对新观点持开放态度，确保你保持竞争力和影响力。

坚守道德立场：在追求成功的过程中，记住诚信是至关重要的。建立在诚实和道德之上的遗产才能经受住时间的考验。

韧性——马拉松跑者最好的朋友

在职场征程中难免历经艰难——自我怀疑，障碍重重，甚至遭遇重挫。韧性终成前行砥柱。

从失败中学习：每一次挫折都是一次伪装的教训。拥抱失败并分析它们，确保它们成为踏脚石，而不是绊脚石。

心理健康：优先考虑心理健康，在需要时寻求支持，并练习自我关怀的技能，确保你能优雅地渡过难关，而不是陷入内耗的漩涡。

你的职场之旅本质上是个人的。虽然你可以从别人身上汲取灵感，但你的道路、步伐和遗产都是独一无二的。以跑马拉松的心态拥抱职场之旅，并在旅途中寻找快乐。记住，重要的不是终点线，而是沿途的故事、经历和成长。

职业道路的广阔蓝图

第一份工作如同广袤画布上的初稿线描，是充满原始张力和可能性的起点。多数高校毕业生带着对职业轨迹的既定想象投入职场，这种认知往往源自社会期许、同辈压力，或流行文化塑造的理想化图景。

经验之笔： 当你沉浸在职场中时，每一次经历、每一个项目、每一次互动都在画布上增添了一笔。有些笔画可能是大胆而突出的，象征着重要的里程碑或成就。相比之下，其他的笔画可能是模糊的，代表你一路上收集的微妙教训和见解。

实验是关键： 一开始，不要犹豫，要勇于尝试不同的角色或项目，就像艺术家尝试不同的画笔或颜色一样。除非你深潜到不同的经历中，否则你永远不会真正知道自己适合什么。

拥抱意外： 有时候，一个从未考虑过的项目或角色最终会成为最有价值的选择。这些意想不到的转折会让你的画布呈现最具活力的部分。

擦除并重新绘制草图： 毫无疑问，你的职业道路不可能一帆风顺。有时你需要退后一步，重新评估，甚至重新绘制草图的一部分。

进化的偏好： 随着你个人和职业的成长，你的偏好可能会发生变化。也许销售的刺激不再让你兴奋，而数据分析却让你兴味盎然。重要的是认识到这些变化并相应地调整你的道路。

从错误中学习： 不是每一次努力都会成功。一些项目可能会以失败告终，或者有一些岗位不适合自己。不要把这些看作挫折，而要把它们看作可以用新的经验和教训来重绘的画布区域。

杰作出现： 时光流转间，职场画布上的笔触渐丰，事业图景终显轮廓。这幅浸染着独特成功印记、成长积淀与持续蜕变的全景图，正是你职业生涯的具象化写照。

欣赏旅程： 虽然心向彼岸是人之常情——无论你向往的是理想职位还是事业巅峰，真正雕琢你的总是职场征程本身。每一抹丹青都铭刻着故事，当它们最终在人生画卷上交相辉映之时，便成就了你职业生涯的锦绣长卷。

寻求反馈： 如同画家时而搁笔观全局，时而求教于同道人，审视职业轨迹时寻求反馈亦是智慧之选。职场导师、同侪中的明眼人，乃至专业规划师，往往能给出真知灼见。

职业生涯恰似一幅笔锋流转的水墨长卷，其精髓不在工笔完美，而在留白处的峰回路转与墨色氤氲。当你参透这幅画卷的辽阔意境与万千可能时，自能在职场的风云变幻间从容挥洒，以独到笔触勾勒出丰盈的版图。

拥抱智慧：塞涅卡对运气和准备的看法

令人惊叹的是，两千多年前的古罗马斯多葛学派哲学家塞涅卡所阐述的智慧箴言，仍能引起21世纪读者的共鸣。他著名的格言"所谓幸运，是准备与机遇相遇的产物"对职场新人来说尤为贴切。

剖析名言：双重视角

准备

这不是单纯的学历或培训的问题，而是包括技能、心态、人脉等一系列要素。

技能发展： 超越校园所学，持续更新知识体系，不断学习新技能。

心态建设： 培养成长型思维、韧性和适应力——商业世界永恒的关键词。

人脉建设： 专业人脉建设绝非资深者的专利，早期布局将开启更多可能。

机遇

机遇往往不会自带闪烁的霓虹灯标志，它可能隐匿于细微处，并以意想不到的形式出现。

善于观察： 机会常常产生于痛点中，保持敏锐观察力，从组织内部的挑战或需求中发现机遇窗口。

寻求指导： 依托导师或资深同事的经验雷达，识别潜在的成长突破点或价值贡献契机。

幸运：准备和机会的交集

塞涅卡对幸运的定义突破了传统认知，强调"幸运是主动投入与恰当时机交汇的产物"。其本质包含以下两点。

持续备战： 当机遇浮现时，你已从容就位。

保持灵活性： 过度固化的思维可能让你错失转瞬即逝的机会窗口。

将塞涅卡的智慧应用于企业迷局

初入职场者常陷入"天时地利"的思维定式，但塞涅卡的智慧揭示：我们能掌控的变量远超想象。

主动胜过被动：不要空等"完美机会"，要主动创造机遇。积极参与项目，主动承担任务，充分展示你的准备与能力。

持续学习：企业环境瞬息万变，今天的技能可能明天就过时。定期更新知识和技能，保持随时可用的准备状态。

塞涅卡的智慧告诉我们：幸运是准备与机遇的结合体。通过持续发展技能、保持机会敏感度，并相信这两者结合的力量，你将在职场中真正掌控自己的发展轨迹。

工作价值矩阵：衡量你的成长和贡献

当高校毕业生初入职场时，常面临两大困惑：如何衡量工作成果的实际影响力？如何清晰追踪个人成长轨迹？图2.1所示的工作价值矩阵为此提供了解决方案。

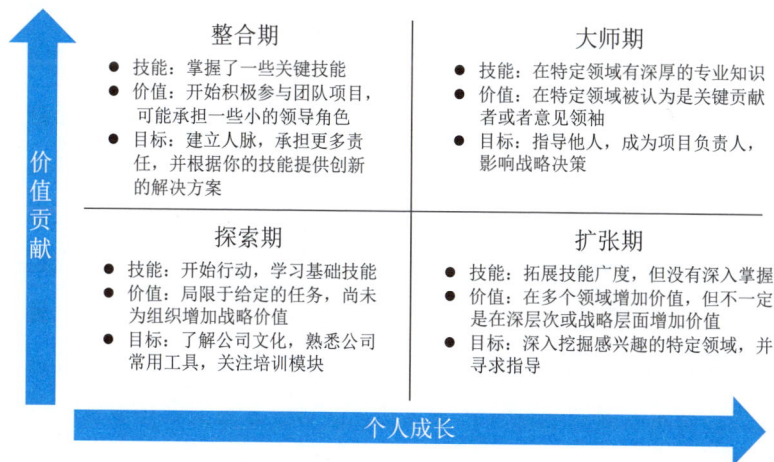

整合期
- 技能：掌握了一些关键技能
- 价值：开始积极参与团队项目，可能承担一些小的领导角色
- 目标：建立人脉，承担更多责任，并根据你的技能提供创新的解决方案

大师期
- 技能：在特定领域有深厚的专业知识
- 价值：在特定领域被认为是关键贡献者或者意见领袖
- 目标：指导他人，成为项目负责人，影响战略决策

探索期
- 技能：开始行动，学习基础技能
- 价值：局限于给定的任务，尚未为组织增加战略价值
- 目标：了解公司文化，熟悉公司常用工具，关注培训模块

扩张期
- 技能：拓展技能广度，但没有深入掌握
- 价值：在多个领域增加价值，但不一定是在深层次或战略层面增加价值
- 目标：深入挖掘感兴趣的特定领域，并寻求指导

价值贡献

个人成长

图 2.1　工作价值矩阵

这个二维评估模型通过两个核心维度帮助职场新人实现自我量化。

个人成长轴： 衡量专业技能、商业思维等自我提升维度。

价值贡献轴： 评估工作成果对团队/公司的实际价值贡献。

个人成长维度：发现与拓展潜力

这个维度衡量你获得的技能、面临的挑战以及专业能力的整体提升，具体分为以下几点。

技能获取： 从掌握新软件到提升沟通/领导力等软技能，你学到了什么？

克服挑战： 你克服的每一个障碍都是成长的证明。你是否在处理复杂的任务？是否在解决冲突？

反馈和发展： 你如何整合来自同事和上级的反馈？你在自己的岗位中有进步吗？

价值贡献维度：从新人到核心资产

该维度衡量你从新人到团队核心成员的轨迹，具体包含如下几点。

任务执行： 评估基础工作完成效率。能否高效处理分派任务？

主动性与前瞻力： 是否主动发现能改进的领域并主导优化？能否提出创新方案？

协作影响力： 你的贡献如何赋能团队？是否促进协同效应、提升整体产出？

定位校准：可视化成长轨迹

通过定期自我评估在图2.1所示的工作价值矩阵中标记坐标，

实现清醒认知与动态追踪。

持续性校准机制：非一次性动作，每月在矩阵中标注当前坐标，形成成长路径图。

象限演进目标：朝右上方象限(高个人成长+高价值贡献)移动，每次坐标迁移应包含明确的时间节点。

反馈会议：在述职/复盘会议中展示矩阵演变，聚焦"当前坐标"与"目标象限"的差距分析。

象限里程碑管理：为每个象限设置有时限的能力跃迁目标，例如"从执行层象限向策略层象限突破"。

量化个人发展

技能指标：

掌握的新工具/软件的数量。

参加的培训课程数量。

发起或参与的项目数量。

价值指标：

收到的反馈(积极评价和改进建议)。

你的见解影响项目/策略的次数。

你主导工作或指导别人的具体事例。

通过将量化的指标叠加到工作价值矩阵上，可以生成可视化的个人成长轨迹，将抽象的"个人发展"转化为可量化、可执行的行动锚点。

充分利用矩阵

设定清晰的里程碑：将矩阵作为职业路线图，明确"高个人成长"与"高价值贡献"的具体定义,并规划发展路径。

主动寻求反馈：与同事/导师/上级深度沟通,获取其对你的个人成长与价值贡献的客观评估。

动态适应与调整：若发现自己停滞不前或没有取得预期的进展,应将其视作重新调整的机会。

工作价值矩阵不仅是一个自我评估工具,也是一个指南针。通过清晰地可视化"当前坐标"和"目标坐标",发挥自省镜鉴与航向指引双重功能,为你的职场进阶之旅保驾护航。

职场马拉松的起跑线和未来充满希望的旅程

在我们合上本章的帷幕之前,不妨后退一步,重新审视眼前铺展的图景。起伏跌宕的职场征程,本质上是自我蜕变的承诺得以兑现的过程。

在起跑线上

我之前提到过,初入职场,恰如站在马拉松起跑线上,兴奋、焦虑与期待交织在一起,令人陶醉——这是多年知识储备、技能打磨与理想浇灌的结晶时刻。但须清醒认识到,这并不是与他人的竞速赛,而是自我探索、持续成长与价值沉淀的修行之旅。

蓄积冲力

随着职业进程推进,最初的紧张感会逐渐平息。如同马拉松跑者在开跑几公里后找到节奏,你也会开始感觉到职场步伐的节奏。

会有加速的时期、惯性滑行的时刻，也会有减速、调整、重新评
估、恢复活力的时期。这就是职场的美妙之处——须根据外部环境
和内在省察来调整步伐。

远方的期许

　　职场不只有业绩指标、任务成果和绩效考核，它更像一幅由
多彩经历、珍贵人脉和成长机遇编织的画卷。每天都会迎来新的天
地，面对未知的挑战，你将在独特的旅程中书写属于自己的故事。

　　职场是一个充满可能的世界：在这里，反馈会化作温柔的指
引；行业天地为你敞开无数探索路径；脚下的路或许曲折，却终将
指引你迈向自我与事业的光明未来。

越过终点线

　　职场的马拉松其实没有真正的终点。目标会实现，里程碑值得
庆贺，但前方总有新的高峰要攀登，新的事业印记要创造。真正的
智慧在于品味旅程，从每个阶段汲取经验，始终与核心价值观和志
向保持契合。

　　当你自信地踏入职场时，请记住：你不仅在开启职业生涯，
也在展开一场宏大征程——你收集的故事、培育的人际关系、打造
的事业印记，将在所有具体项目和任务淡出团队记忆后，依然长久
回响。

　　这是你的马拉松，也是你的征程。这将是多么精彩的旅程！

确定具体的
工作目标

　　这是入职第一天。你走进办公室，参加培训，填写人力资源表格，领到工位和电脑。接下来该做什么？职业成功的第一步是明确工作目标。你的工作目标应该与公司的目标一致，而且重要的是理解你的岗位在公司和整体战略中的定位。本章将探讨一些关键的概念和实用的方法，帮你定义和衡量工作成果。

　　想了解公司的战略和目标，你需要从各种渠道收集信息。在公司内部，可以看公司的使命愿景、全公司或部门的具体目标、绩效指标、年度报告和定期业务总结，这些通常可以在公司内网或维基百科查看。如果你所在的公司是上市公司，那么官网一定有投资者关系页面，找找名为"10K"的年报或"10Q"的季报，以及专门给分析师看的战略和财务说明会资料。

　　公司外部的资源也可以提供有价值的信息。多看看新闻报道、企业新闻稿、公开投资者文件以及行业分析报告。此外，了解客户、供应商、竞争对手的动向和公司自身的核心竞争力，能够让你对公司目标有全面而深刻的理解。

　　平时多关注行业趋势、客户偏好和市场格局，能让你更了解公司的重点方向，明白自己岗位的价值。定期整理这些信息，及时跟进行业变化，你的工作就能更好地配合公司战略。遇到重大进展或里程碑事件时，记得主动和上级或团队讨论这些话题。本章后续会提供更多具体案例。

目标

　　公司目标就是企业给自己定的核心方向，可以是短期任务，也可以是长期规划，用来引导整个团队达成预期成果。理解公司目标时，可以参考"目标与关键成果法"(Objectives and Key Results，OKR)这类常用方法。OKR是知名投资人约翰·杜尔(John Doerr)推广的框架，用具体、有时限、可测量的目标，使个人和团队的工作与公司大方向对齐。公司高管、部门主管和你的直属上司通常会一起设定这些OKR，这样既能帮公司集中资源，又能稳步推进目标达成。

公司目标因企业侧重点不同而呈现出巨大差异，通常会拆成一个个项目，需要多个团队协作完成。比如公司想推出新产品，开拓新客户群，就要研发部做产品，生产部制造，市场部推广，销售部跟进。再比如，要改进现有产品包装来降本增效，可能需要产品设计、生产部门和供应链团队配合。常见目标还有开拓新市场、提升客户满意度、优化生产效率、增加收入利润等。关键是目标要具体、可测量、符合公司战略。

你要清楚自己团队的目标怎么支持公司大方向，你的日常工作要服务团队目标，个人目标也得和这些目标对齐，这样工作才有价值，做事不跑偏。如果被安排参加和团队目标无关的项目，一定要找上级确认优先级和关联性。

衡量投入和产出

衡量工作成效时，不能只看销售额和财务数字。虽然业绩很重要，但毕竟只是整体拼图的一块。你还需要关注那些能最终推动业绩增长的非财务指标，比如工作效率。关键绩效指标(KPI)就是用来追踪目标进度的"标尺"，主要分两种：过程指标看投入，比如项目投入的时间、资源；结果指标看产出，比如实际达成的效果。

就像踢足球——每天的训练时长、射门次数是过程指标，而进球数、比赛胜负是结果指标。训练能提升技术，过程指标能帮我们推进目标，但真正衡量成功的是结果指标。不过，要是搞不清投入和结果之间的因果关系，就容易像无头苍蝇一样白费力气。

同样的原则也适用于工作。比如市场部的营销活动，过程指标看发了多少封邮件，结果指标则看邮件里的活动链接有多少人点击。再比如程序员团队，过程指标可能是加班多少小时，而结果指标得看修了多少漏洞、加了几个新功能。过程指标是你自己能控制的，比如投入的时间、精力、预算。结果指标则通常是你能看到的效果。

不同团队的 KPI 要看公司的具体目标。常见的结果指标包括收入增长额、客户续费率、员工满意度、生产效率等，这些都是实打实的成绩单。

职场新人特别要注意"假忙"和"真产出"的区别。你可能整天忙着填报销单、贴发票，这些活领导会催着交，但就像篮球训练中满场跑却不投篮——客户不会因为你报销单填得好就多买产品或服务。表面忙得团团转，可能错过大项目机会，但实际对团队 KPI 没什么贡献。

清楚地了解你的 KPI，才能把劲儿使对地方，干出真正有用的成绩。入职后第一件事就该和领导确认团队的 KPI。

你每天、每周要干的活都是领导派的，具体做什么得看岗位和公司的需求。关键要弄明白哪些事最重要、最紧急，并优先处理。

你还得知道哪些人是你的"相关方"，也就是你的工作会影响到哪些人或部门。比如你做的数据分析报告，可能是其他同事做决策的依据，那他们就是你的相关方。在公司内部，从普通员工到高管，都算相关方，特别是领导，因为其决策会影响公司走向。如果你要和供应商打交道，那么他们也算相关方。和这些人沟通时要敞亮，提前说清楚项目范围和截止时间，这点特别重要。

要提升职场硬实力，关键得学对本事。技术类(比如用Google Analytics做数据分析)、沟通类(比如给高管做汇报)、领导类(比如说清团队目标)，这三板斧得天天练。多找机会实践，脸皮厚点，主动要反馈，并虚心接受批评和建议，本事涨了才能干成事、帮到公司。

建议入职后主动找领导或人力资源部门摸清晋升路径。比如初级设计师和资深设计师相比，能力差在哪？要从业务分析员做到团队总监，每个台阶需要攒哪些经验？补哪些技能？就像打游戏升级，先得知道每关的头目长啥样。

制订30—60—90计划

30—60—90计划是帮助新人快速上手的工作指南，把入职头三个月拆成三个阶段。

每个阶段重点不同：第一个30天主打学习和观察，新人要摸清公司的业务、文化、规章制度，并和同事打好交道。建议让领导给你列个“必见面清单”，找关键同事吃饭、喝咖啡。这类非正式交流能帮你清楚地了解：大家手头在忙什么、团队核心目标是什么、你需要怎么配合他们工作。

中间 30 天重点是多扛活儿。这时候要主动接项目、在会议上提想法、补足岗位需要的硬技能。比如，做市场的要学数据分析工具，而做产品的得练原型设计。

最后 30 天，要开始出活儿了。这时候你已经摸透了公司目标、文化规矩，得把前两个月学的本事亮出来。比如之前学了数据分析工具，现在就要用真实数据做报告；练过汇报演讲，这时候就得在高管面前展示成果。这三个月试用期就像"真人秀"，比面试更能让同事看清你有多大能耐——领导会通过实际表现来评估你是否有潜力。

执行这个计划时，记得定期找领导对进度。可以每周一对一聊十分钟，或者写个简单的工作小结。重点要说清：你完成了什么、遇到哪些坎、下一步打算怎么调整。比如发现某个技能不够用，就当场请教领导或同事；如果项目时间太紧，也可以提前商量，看是否能优先做关键部分。别怕提需求，好印象都是靠主动沟通攒出来的。

助理角色如何发挥作用

在当前快速变化的职场环境中，执行助理、总经理助理、律师助理等职位对企业和领导者的成功至关重要。这些岗位虽职责各异，但共同目标是通过提升高管的工作效率和产出能力，间接推动公司实现更高层级的战略目标。

在某些特定行业，如娱乐业，担任执行助理或总经理助理常被视为未来承担更大职责的"职业跳板"。这类职位能让从业者近距离接触行业核心资源：既可向资深人士学习关键技能，如协调多方利益、处理危机事件，又能积累行业人脉与实战经验，例如参与政策制定或项目落地。尽管这类岗位的薪资通常不高，但其提供的"隐形福利"——接触决策层的机会、系统性职业培训等，往往对新人的长期发展更具价值。

执行助理主要为总监、总裁等高管提供行政支持，核心职责包括处理邮件和电话、安排差旅行程、开展背景调研等。这类岗位要求从业者具备极强的条理性和细节把控能力，能同时高效处理多项事务，并拥有优秀的书面及口头沟通技巧——因为他们常常充当高管与公司各部门之间的联络桥梁。

在娱乐行业中，经纪公司、影视工作室、公关机构的助理旁听领导通话属于行业惯例。此举既是为了记录要点并跟进具体待办事项，例如记录某导演对剧本的修改意见，也是助理学习行业谈判技巧的重要途径，如观察经纪人如何争取演员片酬。执行助理须统筹管理办公桌的"核心事务流"，包括向客户及合作方发送项目提案、剧本、合同等文件。该岗位的关键价值不仅在于个人事务的条理化，也在于对领导所有工作任务及沟通往来的妥善管理。

总经理助理主要负责统筹企业日常运营，与总经理紧密协作制定并实施战略规划。其核心职能包括优化高管的时间管理(如筛选优先级会议)、指导团队成员发展(例如协调跨部门项目资源)，以及主导高管授权的大型项目(如新市场拓展计划)。该岗位要求员工具备卓越的领导力，能深刻理解企业战略目标与文化价值观，在项目中代表高管决策时能展现精准判断力。

律师助理等专业支持岗位则专注于法律事务辅助工作，包括法律文书起草(如合同条款拟订)、庭审材料准备(例如证据清单整理)、卷宗归档管理等。这类职位要求职员精通法律程序与实务操作(比如熟悉民事诉讼流程)，同时须具备扎实的法律研究能力与文书撰写技巧(如精准提炼判例要点)。

从事执行助理、总经理助理或律师助理等职位的人员，应根据岗位特性确定个人职业发展目标，例如学习行业新技能(如数据分析工具)、建立专业人脉(如参与行业协会活动)，或在组织内主动承担扩展职责(如牵头跨部门项目)。通过持续提升能力并拓宽职能边界，从业者既能胜任当前工作，也能为未来晋升创造机会。

助理岗位对组织及领导者的成功至关重要。这些岗位不仅要求从业者具备特定技能与专业素养(例如会议统筹能力、法律条款解读能力)，也为从业者提供了独特的成长通道——既能通过参与核心项目积累实战经验，也能系统性培养未来职业发展所需的关键能力。无论身处娱乐、法律还是其他领域，助理人员都能通过高效支持领导层决策(如整理政策简报)、优化运营流程(例如设计文件审批系统)等方式推动组织发展，同时构建自身职业竞争力。

这类岗位虽为"职业起点"，却对组织的运作至关重要——助理人员常掌握高管的日程安排与事务流程的决策权，而且，许多资深执行助理与高管建立了长期信任关系，其信息价值不容忽视。

第 **4** 章

如何与上司沟通

在企业的运行体系中，每个人都有上司。本质上，公司指挥链是一种结构化的层级体系，规定了组织内部的权限和决策流程。可以将其想象为一个结构分明的梯子，每一级都代表不同级别的职权。顶端是最高决策层，通常由执行总裁或董事会成员构成，负责设定公司的战略方向。随着层级向下延伸，职权逐渐细化，依次经过高级管理人员、中层管理者，最终延伸至一线员工。每个层级都对应着明确的职责范畴和决策范围。

这套层级体系具有双重作用。首先，它确保职责清晰：组织内每位成员都明确知道自己应向谁汇报以及谁向自己汇报，从而建立通畅的沟通与责任路径。其次，它提升了效率：通过明确划分岗位职责，任务和决策可在相应层级执行，既避免高层管理者陷入琐碎事务，又能授权各层级员工在其职权范围内做出决策。不过值得注意的是，随着商业环境变化，许多企业正在探索更灵活或扁平化的组织结构，以提升应变能力并促进协作式决策。

关键是理解所在组织的汇报体系和决策机制，每个层级的成员都承担着独特的职能，在新入职阶段，尽早厘清各角色如何协同运作是职业发展的关键。

直属上司

作为一线员工，你的直属上司既要确保你高效完成本职工作，又要提升你的工作成效。职场上的成功往往与你和直接上司的关系密切相关。这种关系的性质和深度会显著影响你的工作满意度、绩效表现和整体职业发展轨迹。让我们来剖析这种职场互动的关键维度。

了解他们的期望

想要与上司建立富有成效的关系，首先要把握他们的期望，包括口头期望和内心期望。

确定核心价值

每个管理者都有独特关注点。一些人看重工作成果的精确性，而另一些人重视创新思维或积极解决问题的能力。入职初期，应通过直接沟通，明确直属上司的核心诉求，这将为你日常工作的优先级提供明确指引。

保持动态校准

日常汇报看似烦琐，却能有效避免方向偏差。定期与领导同步工作进展，既能确保个人努力与团队目标一致，又能通过简短讨论(例如五分钟的焦点沟通)显著降低无效工作的风险。关于高效开展一对一会议的具体方法，我们将在后续章节详细探讨。

目标设定

设定个人目标是与上司协作的关键环节。你需要与管理者共同制定符合岗位职责、团队目标及公司战略的短期与长期规划，采用SMART原则(具体、可衡量、可实现、相关性强、有时限)设定目标，这既能追踪成长轨迹，又能向组织证明自身价值。定期与领导回顾目标可确保双方认知同步，推动持续进步。

开放的沟通

你的表达如同工具，须懂得何时及如何运用。

反馈促进成长： 无论是给予还是接受建设性反馈，都是职业发展的基石。须建立畅所欲言的沟通渠道——既能分享成果也能探讨疑虑。须谨记，反馈并非对你个人的否定，而是对当下任务的客观评估。关键是以正确的心态开启对话。主动寻求反馈既能帮助你找到改进方向，也能展现你追求成长的诚意。提出反馈请求时，要表现出真诚的学习意愿，接纳建设性意见，而不将其视为"穿小鞋"。例如，可以具体询问"如何在汇报中更清晰地传递核心观点"。同样，在向管理者提供反馈时，应聚焦可落地的解决方案，避免抱怨或指责，转而描述具体场景并提出优化建议。

面向解决方案的沟通： 工作中难免遇到挑战，但向管理者汇报问题时，不应只陈述困难，而应同时准备好可能的解决方案或初步解决思路。这种主动展现问题解决能力的方式，能让你在职场中脱颖而出。

定期更新

在快节奏的职场中，信息就是力量，因此，有必要让你的领导了解最新情况。

主动汇报： 与其等待领导询问，不如提前简明扼要地汇报任务进度。这种主动性既能让上级领导掌握最新动态，又能体现你对工作的责任心和主人翁意识。

平衡分享的内容： 虽然人们倾向于只展示成功案例，但坦诚说明遇到的困难同样重要。这种透明化沟通能促进团队协作寻找解决方案，有时甚至能激发出创新思路。

积极主动

要在偌大的职场中脱颖而出，往往需要一点主动性。

本职工作之外：这并不是说要过度工作，而是指有时候需要跳出既定的角色，提出改进建议或指出潜在的机会。这展示了你对团队或组织成功的深切关注。

成长的愿望：定期表达你想承担更重要的责任或参加专业发展课程的意愿。这不仅体现了雄心壮志，也反映了对个人和职业发展的承诺。

尊重上级领导的时间安排

在商业中，时间就是金钱。

守时是一种姿态：无论是虚拟电话还是面对面的会议，守时都能传达出尊重和专业精神。这是一个简单的举动，却有着深远的意义。

高效的会议

尊重还体现在确保会议高效、简洁、紧扣主题等方面。拖沓、冗长的会议不仅消耗精力，还会挤占工作时间。

区分不同目的的会议：虽然管理者总是想了解项目的最新进展，但专门召开"目标明确的会议"同样重要——这类会议有单一议题，能保证讨论的专注性。例如，如果在讨论项目延误问题时突然转向详细探讨晋升可能性，会给会议定下不顺利的基调。以下是一些可参考的会议类型。

一对一会议：这是你每周的主要沟通机制，下一节将详细讨论这种会议形式。

绩效评估会议：掌握绩效评估的准备技巧和沟通方式，可能直接影响你的职业发展轨迹。在评估开始前，你需要认真回顾评估周期内的工作成果、遇到的挑战以及需要提升的领域，同时收集能证明你工作成果的证据，例如项目成果数据、同事的积极反馈，或是超出岗位职责范围完成任务的实例。在评估过程中，应保持专业态度，坦诚接受正面与负面的反馈意见。

360度评估会议： 360度评估，又称全方位反馈，是一种通过多方渠道收集评价的绩效评估方式。评估参与者包括你的上司、同级同事、直接下属，有时还可能涉及外部合作伙伴。该流程旨在全面评估你的优势、不足，以及你对组织的整体影响。反馈通常通过匿名问卷收集，参与者会在问卷中对你在不同领域的表现进行评分。通过这一评估，你将了解他人如何看待你的行为表现，发现自身可能忽视的盲点或需要改进之处。上级领导通常会汇总评估结果，在正式反馈环节中与你沟通，并根据结果协助你制订个人发展计划。建议利用这个机会，主动探讨你的职业目标、发展期望，以及需要哪些资源支持来实现持续成长。

晋升沟通： 讨论晋升时可能涉及敏感话题，但把握恰当的时机与沟通方式至关重要。关于加薪与晋升的具体标准及策略，后续将在"薪酬"相关章节中深入探讨。

◈ 职业生涯规划和任期制

里德·霍夫曼(Reid Hoffman)在其著作《联盟》(*The Alliance*)中提出了一个实用框架——"任期制"(tours of duty)，以重新定义员工与雇主之间的角色关系。任期制是一种明确约定时限(通常为18个月至数年)的雇佣模式，其核心是在员工与企业之间建立互利合作的关系。在任期启动时，双方须就任期时长、具体任务目标、技能发展需求、彼此承诺、定期沟通机制以及任期结束后的规划等达成清晰的共识。通过这种方式，员工与管理层既能高效协作，又能建立信任、忠诚度及对实现共同目标的坚定承诺，同时助力员工实现职业路径的持续进阶。

为任期制设定清晰的预期，有助于建立透明且注重成长的工作关系。通过定期沟通与进展评估，确保员工与管理者的目标一致，并灵活调整策略以优化成果。在任期临近结束时，主动探讨后续可能的内部发展机会或新职责，能够从长期发展视角审视双方关系，确保职业合作持续创造价值。

需要注意的是，应选择合适类型的会议并保持聚焦，以此推动预期目标的达成。

开展高效的一对一会议

一对一会议不仅是工作沟通的渠道，也是管理者与员工巩固信任纽带的黄金机会。这类会议的主导权属于员工，你可以主动设定沟通基调。以下是最大化其价值的建议。

设定议程： 建议在会前列出待讨论的要点，涵盖任务进展更新、当前面临的挑战，或职业发展相关议题。此举既能为会议提供清晰的框架，亦可避免遗漏关键内容。

正向开场： 建议以近期取得的成功或小成就作为会议切入点，例如某项目里程碑的达成、流程优化成效等。此举能营造积极基调，为后续讨论奠定建设性氛围。

鼓励双向反馈： 一对一会议不仅是管理者提供反馈的渠道，也是员工分享个人观察与心得的机会，反馈内容包括工作文化、团队协作效率，甚至管理者的领导风格。沟通时须注意以尊重为前提。此外，这类会议尤其适合具体工作场景中的细化反馈(如跨部门协作痛点、资源分配优先级等)，推动问题精准解决。

讨论职业发展： 利用一对一会议谈谈你的职业目标。建议在需要改进的地方寻求反馈，并就如何实现你的职业目标寻求指导。

总结要点与后续行动： 建议在会议尾声明确总结要点及后续行动项(如"优化客户反馈流程""下周提交项目复盘文档")。此举既能厘清各方责任与时间节点，亦能体现你推动事务落地的主动性。

一对一会议不仅是工作同步的工具，也是构建信任、消除信息偏差、规划成长路径的桥梁。无论是管理者还是员工，都应以充分准备为前提(例如提前梳理"跨团队协作卡点""未来半年能力提升目标")，带着明确意图投入其中，方能将时间转化为双方关系的长期资产。

◀ 建立工作之外的关系

生意通常建立在人和人之间的关系上，而不是人与物的关系上。

人际关系： 须意识到管理者与你一样，拥有职业目标、焦虑、兴趣爱好及工作之外的生活。例如，主动询问"最近参加的培训课程体验如何"或"上个月的家庭旅行是否顺利"，这类非工作对话能减少权力距离感，为合作关系注入人性化温度。

随意问候： 例如用几分钟聊一聊周末计划、正在看的书，或双方都热衷的某个话题。此类看似随意的互动，实则能逐步积累信任资本，将纯粹的职场协作转化为更具韧性的伙伴关系，最终提升团队心理安全感与协作效率。

把握分寸： 与上级建立非正式关系(或私人关系)有利有弊，须谨慎权衡。这种关系虽能促进沟通和信任，但仍须保持专业界限，避免越界或引发职场不适。上级领导的核心职责是评估你的表现并引导你的职业发展，因此须注意平衡友好与专业的关系。适度的相处模式既能建立融洽的工作关系，又不致损害职场边界。

须谨记，上下级关系既包含职业需求也含有人际联结，兼具多重属性。通过审慎而有策略的维系，这种关系可能为你带来机遇、职业指导以及更充实的工作体验。

在深入了解与直属上司的互动原则后，须意识到这些方法论同样适用于组织内各层级管理者。核心在于保持开放的沟通、良好的职业道德，以及对个人成长的持续投入。

上司的上司

随着职业发展，你会逐渐意识到不仅需要维护与直属上司的关系，还须策略性地与他们的上司建立联系。这种互动需要微妙的平衡、审慎的态度和策略性方法。

讨论贡献

在与上司的上司沟通时，应着重展示自身贡献，但须避免过度自我标榜。与其直接夸耀成就，不如让工作成果自然呈现。例如，在讨论项目时，可具体说明你的关键贡献及其对项目成功的实际影响。这种方式既能低调彰显个人价值，又可避免显得傲慢，有助于在保持专业边界的前提下留下积极印象。

讨论目标

在与上司的上司谈及你的中长期职业目标时，须意识到他们能为你的职业规划提供重要支持。关键在于以自然且恰当的方式引入话题，例如在绩效评估或未来项目讨论中顺势提及。这种方式既能体现你对发展的思考，又可避免因过于直接而显得冒进。在表达抱负时，应着重阐述你对职业成长路径的规划及其与团队目标的契合度，而非单纯强调个人诉求。这种策略性沟通既能展现你的进取心，又能帮你树立起务实、有远见的职场形象。

联系频率

应该多久和上司的上司联系一次？不存在放之四海而皆准的答案，但经验建议是保持适度频率的互动。通常每季度至少沟通一次，或在重大项目的关键节点进行交流。核心在于把握平衡：既要确保自身工作成果被关注，又须避免越级沟通的潜在风险。

对话语境

在与上司的上司沟通时，关键在于明确区分工作事务和个人发展问题。工作事务指围绕具体项目或任务的讨论，而个人发展问题则涉及你的职业成长规划。交流时应先判断当前话题的适用场景：通常可以讨论项目相关事务，但涉及个人发展问题时须格外谨慎，因为这可能会无意中越权，影响到你直属上司的职责范围。

越级沟通

最后，让我们来谈谈需要越级沟通的棘手问题。偶尔，你可能会遇到需要上司的上司介入的问题。在这种情况下，必须妥善处理，以免让你的直属上司陷入麻烦，或者破坏你与他们或其他领导的关系。在问题升级之前，试着和你的直属上司讨论一下，一起探讨可能的解决方案。以下是一些需要越级沟通的情况。

第一种情况是工作方法存在分歧。如果你有充分的数据支持自己的观点，可以明确表示不认同当前方案并请求第三方视角评估。整个过程保持沟通透明，既能维护直属上司对你的信任，也有助于与上司的上司建立良性协作关系。

第二种情况是项目因跨部门协作而受阻。例如，当直属上司的同级同事成为项目瓶颈，而直属上司无法催促对方加快进度时，若问题长期未得到解决，可先征求直属上司的意见，判断是否需要其他领导介入。更高层级的管理者通常能更好地协调跨部门工作优先级。

须注意，私下绕过直属上司的行为仅适用于极端情况，比如直属上司存在不当行为、道德失范或蓄意违反公司政策等。此类问题通常须上报至人力资源部门，操作时务必确保自身行为合规，并防范潜在的打击报复风险。

评价直属上司

若被要求对直属上司的工作表现提供反馈，务必采用有助于其领导力提升的建设性表达方式。建议结合具体事例说明你的观察，并有针对性地提出可操作的改进建议。切忌进行情绪化指责，此类行为可能影响他人对你的评价，而且须知你的反馈内容很可能会被传达给上司本人。

与上司的上司互动时须谨慎把握三个维度：在展现个人价值、体现进取精神的同时恪守职业边界。遵循这些原则将有助于你与高层建立良性互动关系，为可持续的职业发展奠定基础。

执行总裁和其他高管

身处企业金字塔顶端的执行总裁(CEO)及高管团队往往令人感觉难以接触。与这些行业领军者建立关系看似是一项艰巨挑战，但掌握恰当方法后，你也能像优秀同行一样与他们建立有效联系。以下策略可帮助你在与高管互动时构建有实质价值的关系，同时避免给人留下失礼或准备不足的印象。

电梯场景自我推介

首要任务是打磨一套简洁的个人介绍模板。你永远不知道什么时候会在公司走廊偶遇CEO，或者在电梯间与高管独处，对于这类突发场景，你需要随时做好准备。你需要用简短的时间清晰说明自己的职责定位，重点突出对公司产生实际影响的核心成果，但须简洁明了。切记，当周围人已显露出结束对话的迹象时，不宜再持续进行自我陈述，否则会适得其反。如果他们有兴趣进一步了解，他们会追问细节。

主动谈论成功案例

高管层普遍关注组织整体目标的推进成效，因此沟通时应着重呈现团队达成的关键成果。可具体描述近期突破性项目、团队克服的挑战及对应的解决方案，强调协作过程中的集体智慧而非个人功劳。系统展示部门的专业实力与问题解决能力，既能体现你与团队目标的一致性，又能让高管层清晰感知到你对组织发展的深层价值。

系统性筹备

向高管层汇报项目时，核心目标是规避突发状况与现场分歧。这意味着需要通过三阶段筹备：首先预测可能被质疑的环节并制订应对预案；其次，提前向高管汇报链中的其他管理者分发简报以获取修正建议；最后，确保团队成员对汇报内容达成绝对共识。这样做，你会给人留下专业程度高、能力强的印象。

若存在需要CEO裁定的关键分歧点，应明确将问题定位为"需要高层协助的决策卡点"，用"方案A/B对比框架"清晰呈现各选项的利弊数据，在尊重不同立场的基础上彰显双方立场的合理性。无论最终采纳何种方案，团队都应遵循"异议后服从"原则，此举既能展现专业素养，又能强化高管对团队执行力的信任。

避免提出不恰当的问题

如何避免提出看似不得体或不专业的问题？向高管层请教时保持求知欲本无可厚非，但须警惕好奇与无知的临界线。向高层提问时须把握以下三个核心维度。

确保问题经过充分研究：在开口前穷尽所有可查资源，确认该信息的确需要高层解答，避免提出简单搜索即可获得答案的初级问题。

紧扣讨论主题：高管的时间宝贵，所提的问题必须与当前议题直接相关且能推进决策，切忌偏离主线。

注意把控边界：问题内容须保持专业度，不触及个人隐私或争议性话题，始终聚焦于共同目标——推动组织成功。

会议厅和公共论坛

对普通员工来说，另一个可能与高管接触的地方是会议厅或全公司范围的论坛。此类会议通常是为了展示和突出各个团队的成就。有些公司定期举行全体大会(比如每周例会)。在这些会议上，高层领导经常鼓励员工提问。

公开提问的质量将直接关联你个人、直属上司及所属部门的职场形象。此类开放式论坛的提问须聚焦与会议主题强相关的全局性议题——优先选择跨部门或影响公司整体运营的问题，而非局限于团队内部的具体事务。

提问时应确保表述简洁、清晰，因为高管时间有限，须避免冗长铺垫或复杂背景解释。核心原则是保持专业度：问题须围绕公司战略目标、业绩进展、新政策解读等业务主线，严格规避涉及个人隐私或敏感争议的话题，在展现全局视野的同时维护高层对话的舒适区。

谈及公司业绩波动、负面舆情或重大危机等敏感话题时，须采用建设性提问框架。核心原则是展现求知而非问责姿态，例如针对近期负面报道，可问："为更深入理解事态全貌，能否请管理层说明当前采取的声誉修复机制？"

此类提问须满足三个递进维度：首先聚焦解决方案，例如"针对本季度利润下滑的情况，我们在成本优化与营收增长方面将采取哪些措施？"；其次关注员工影响，例如"此次战略调整可能产生哪些阵痛？人力资源部门配套的员工支持计划是什么？"；最后回归业务本质，例如"从长期主义视角来看，这次危机将如何催化我们的数字化转型进程？"。

在判断应通过公开论坛还是匿名渠道提问时，须综合考量问题属性。涉及组织全局、具有广泛影响，或需要澄清公司政策与战略方向的问题，通常适合在公开场合提出。此类开放式提问具有双重价值——既能让管理层给出权威解答，又能为其他同事创造同步获取信息、参与深度讨论的机会，例如针对新战略落地的执行细则提问，可触发跨部门协同思考。

然而，当问题涉及敏感内容或个人隐私时，建议优先采用企业提供的匿名反馈渠道。此举既能消除实名提问可能引发的潜在负面影响，又为管理层保留了介入核心问题的空间。

须谨记，全体大会本质上是员工与决策层的开放对话平台。提出经过深思熟虑的建设性问题，是推动组织透明化进程的核心路径。

尝试与高管建立信任关系。面对高管，不必如临大敌——决策层始终致力于为员工创造成功条件。通过打磨个人价值主张、在关键汇报节点凸显团队成果、确保信息同步、规避突发状况，以及提出有洞见的问题，你将实现双重目标：在组织核心圈层建立专业可信度，同时与高层管理者形成战略共识纽带。

第 **5** 章

二

完成各项

任务

在当今的工作环境中，能够高效地工作比以往任何时候都更为重要。在紧迫的期限内完成高质量工作的能力，可能对你的职业发展和个人成功产生巨大的影响。本章将探讨实现高效工作的核心框架、实用工具和最佳实践，同时解析如何设定和达成明确的工作目标。

在现代办公环境中，大多数工作都是基于项目的。在启动任何新项目之前，都需要明确以下问题：

我想要达到的目标是什么？

如何衡量成功？

怎样的质量水平是可接受的或优秀的？

我需要和谁合作才能完成这项工作？

完成这项工作需要哪些资源和预算？

预计的时间节点或截止日期是什么？

项目的具体范围及交付标准如何界定？

哪些内容不属于当前项目范畴，须明确排除？

在探讨如何运用框架解答上述问题时，我们以传播专员Jane的实际案例为基础：她需要为公司客户制作一份月刊简报。以下工具与框架将帮助你有条理、系统性地思考并启动项目。本章重点解析个人目标的设定与管理，下一章将深入探讨团队协作及目标协同的实现方式。

用SMART原则设定目标

SMART目标框架是一个旨在提高目标有效性和清晰度的系

统。让我们深入研究一下是什么让目标变得"SMART"(明智)。

明确性原则

第一条原则强调目标必须具体、清晰且无歧义。目标越明确，实现路径就越清晰。例如，"保持健康"虽值得肯定，但定义模糊；而"30分钟内跑完五千米"则能清晰界定预期成果。

可衡量原则

可衡量的目标使你能有效追踪进度，这对保持动力和评估成果至关重要。例如，"多读书"过于主观，而"每月读完一本书"则提供了可量化的行动标准。

可实现原则

目标应具备挑战性以提升个人能力，同时须确保其切实可行，从而保持动力并避免挫败感。例如，若从未有跑步习惯，却将目标设定为"一个月内完成马拉松"，显然脱离实际。更务实的做法是，在合理评估资源和限制条件后，将目标调整为"每星期跑五千米"。

相关性原则

每个目标应有明确意图，并与核心诉求或长期规划保持一致，确保投入的精力能产生实际价值。例如，若主要目标是增肌，备战马拉松可能偏离方向；相比之下，系统进行力量训练则更贴合该诉求。

时限性原则

　　所有目标都应该有明确的截止日期或时间节点，以建立紧迫感，明确优先级并避免拖延。例如，"学习西班牙语"的目标虽合理，但缺乏时间限制，易导致行动滞后；而"一年内掌握西班牙语日常对话"则为行动提供了清晰的期限。

　　SMART框架的优势显著：其一，提升目标清晰度与聚焦性，确保行动始终围绕核心诉求展开；其二，其结构化设计增强执行力与责任感，通过明确目标路径与进度追踪机制，推动持续投入。实践表明，SMART原则能显著提升目标达成率。

　　然而，与其他任何框架一样，SMART框架也有需要规避的潜在问题：避免设定过于激进或保守的目标，须平衡挑战性与可行性；同时，应定期检视目标进度并灵活调整策略，建议结合同行、导师或管理者的反馈优化执行方式。

　　总之，SMART框架通过系统性设计强化目标管理的明确性、聚焦性和有效性，合理运用该框架，可显著提升个人或团队的目标设定与实现能力。

建立质量标准

　　借助模板或既有案例，能高效界定质量要求，此类资源为团队讨论质量标准提供了具体参照，同时明确了工作成果的基准线。通过复用现有范例，团队可省去从零设定标准的时间，集中精力根据项目需求优化、调整细则，这样既能减少理解偏差，又能提升工作成果的规范性。

　　若企业已建立标准化模板库(如文档、报告、分析类模板)，可优先向资深同事索取模板库链接或优质参考案例。若企业资源有限，可通过精准搜索关键词(如"Excel估值模型模板""Canva Pinterest海报模板""Airtable营销日历模板")获取专业模板资源。例如，使用Mailchimp等邮件平台的预设模板库，可快速启动Jane的简报项目。若对模板适用性存疑，建议向直属上司确认模板适用性。

确定项目的范围

　　项目范围界定是确保项目高效推进的核心环节，须明确项目边界、资源配置及时间规划，以达成核心目标。其核心价值在于通过系统性规划，优化执行优先级，建立团队协作共识，从而有效管理预期成果。

　　在界定项目范围时，关键是基于任务对项目整体成功率的影响权重，确定关键任务与次要任务，集中资源攻克核心模块。此外，可运用优先级评估矩阵(见表5.1)量化分析任务价值，支撑科学决策。

优先级评估矩阵

　　我们将Jane的简报项目拆解为六个核心模块，并量化评估各模块对项目成功的贡献度，如表5.1所示，具体模块包括：高效的推送系统、引人入胜的文案、订阅管理、页面设计、视觉艺术效果及反馈收集机制。优先级评估矩阵可直观呈现各模块的投入—产出比，从而锁定高价值执行区域。

表5.1　优先级评估矩阵

模块	重要性 (1~5分)	对成功的影响 (1~5分)	执行难度 (1~5分)	总分 (降序)
高效的推送系统	5	3	2	7.50
引人入胜的文案	5	5	4	6.25
订阅管理	4	3	2	6.00
页面设计	4	4	3	5.33
视觉艺术效果	4	4	3	5.33
反馈收集机制	3	3	2	4.50

重要性(1~5分)

衡量模块对简报项目的必要性,5分代表不可缺失的核心模块,须优先保障。例如,若缺少高效的推送系统,将无法精准触达用户,此类模块应评5分。

对成功的影响(1~5分)

评估模块对项目整体效果(如用户点击率、互动率)的贡献程度。例如,引人入胜的文案直接影响用户的阅读体验,应评高分。

执行程度(1~5分)

预估模块所需的时间或资源投入。1分意味着任务很容易完成,而5分则代表难度系数较大的复杂任务,例如撰写引人入胜的文案,评分为4分。

总分

总分=(重要性×对成功的影响)/执行难度

该式能够量化模块的优先级，例如，若"高效的推送系统"模块重要性为5分，对成功的影响为3分，执行难度为2分，则总分为7.50分，列为最高优先级。

通过矩阵分析可见，"引人入胜的文案"模块的重要性与影响分均为最高，但执行难度也相对较高。相比之下，"高效的推送系统"的影响分略低，但执行难度较低，意味着该模块可能更快实现效果。该矩阵能精准定位资源投入的"高性价比"领域，例如，可优先保障总分排名前三的模块。此外，当需要优化资源的使用时，可优先从总分排序末位的模块开始精简，以最小化对核心目标的影响。

质量—速度—价格的三角制约关系

价格是指一个项目的预算金额。如果项目的预算较低，可能会限制项目可用的资源，难以及时产出高质量的成果。价格也可间接反映项目团队的人员规模。

速度指的是项目完成的快慢。快速推进项目有助于满足紧迫的时间节点，加速产品上市进程。但过度追求速度可能导致成果质量下降。另一种情况是，提速往往需要投入更多并行资源，这通常会推高项目成本。

质量指项目达成的卓越水平。高质量项目能获得目标受众的认可，提升公司声誉并带来良好投资回报。须与团队成员共同设定项目质量标准，包括编写详细规格、明确关键绩效指标、商定测试与验收方法。

平衡价格、速度与质量时，须综合考量项目目标、可用资源及利益相关方预期。下面以Jane的简报项目为例来阐释。

质量

Jane希望简报引人入胜，内容丰富，视觉上有吸引力。

速度

简报需要在每个月底发布，所以Jane有固定的截止日期。她需要高效地管理时间，特别是在与其他团队成员协调内容时，须确保一切材料按时就绪。

价格

Jane的简报项目预算有限，因此，她在使用外包团队或付费软件进行设计时须谨慎控制成本。为了节省开支，她可能会选用免费设计工具或只在网上发布简报。

管理这类项目时须在质量、速度与价格间权衡：若侧重质量，并决定添加交互式元素，例如嵌入式视频或信息图表，则可能延长制作周期或超支；若需要赶工完成，则应简化设计与内容；若预算受限，则应使用免费工具，但可能导致设计效果打折扣。此案例印证了质量—速度—价格的三角制约关系。

最终，有效的项目范围界定须综合考量上述所有因素，以尽可能获得最佳成果。关键在于与协作者、利益相关方及决策层密切配合，这有助于明确预期目标，并在价格、速度与质量间实现最优平衡。

截止日期和时间估计

　　截止日期就像综艺节目里聒噪的蜂鸣器，非得等到你交上最终方案才肯停歇。但平心而论，截止日期是职场人士躲不开的"鞭子"。没有它，恐怕五年后我们还在同一个项目上磨蹭。可当最后期限悄悄临近时该怎么办？

　　先讲个真实案例，看看围绕截止日期的沟通有多重要。

　　一位名叫Jack的同事已经为一个大项目忙碌了几个星期，但是随着最后期限的临近，他开始意识到他可能无法按时完成。Jack没有积极主动地与上级领导沟通，而是抱着侥幸心理继续工作。

　　截止日期一天天临近，杰克的上司Sarah开始担心起来。她问Jack这个项目进展如何，他不好意思地回答说："嗯，还没有完全完成。"Sarah惊呆了，问他为什么不早点告诉她。Jack只是耸耸肩说："我以为我能从帽子里变出一只兔子来。"

　　Sarah不觉得好笑。她斥责Jack不坦白，并警告他这种行为可能会损害他的声誉和团队的信誉。Jack意识到自己的错误，答应以后会更加坦诚。他还给Sarah带来了一只真正的宠物兔以示歉意，但他仍然需要加班完成项目，现在他还得负责喂养兔子和清理粪便。

　　设定有效截止日期的关键在于合理预估项目耗时。业内常用PERT方法(项目评估和审查技术)，通过将项目拆解为具体任务并绘制流程分解图，对每个环节所需时间进行科学估算。这种方法能化整为零，让复杂项目更具可操作性。例如开发新产品时，可先拆分出市场调研、原型设计、用户测试等子任务，逐个明确时间节点。

避免仅凭直觉拍脑袋乱猜，否则容易导致进度失控。

制定有效的时间规划——PERT方法

让我们以Jane的简报项目为例来简化PERT模型。

任务清单

A：确定简报的目标受众(读者)。

B：撰写简报的内容。

C：调整简报版式，确保移动端显示效果美观。

D：添加图片或图形。

E：想办法把简报发给目标受众。

F：创建订阅者列表。

G：想办法得到反馈。

任务顺序

从A开始：确定目标受众。

然后，开始执行B、C、D：撰写内容、设计版式以及添加图片。这些任务可以合并。

接着是E和F：准备好发送简报并列出订阅者列表。

以G结尾：发送后，尝试了解受众对简报的看法。

每个任务可能需要多长时间(只是简单估计)

A：2天

B：5天

C：3天

D：2天

E：2天

F：3天

G：2天

哪些任务是最重要的

确保简报按时发布的关键路径是A→B→C→E→G：确定目标受众→撰写内容→视觉美化→推送发布→收集反馈。若时间紧迫，可适当压缩视觉设计和列表优化环节。

跨团队协作(如与设计师、工程师、文案策划等合作)时，应让合作方采用T恤尺码估算法(即S/M/L工作量分级)自主评估所需工时。须特别注意三点：确认合作成员当前的工作负荷，避免假设对方能立即投入；切忌单方面指定他人工作时间表，尤其在科技公司中，这种做法极易引发团队矛盾。

优雅应对完工时间的拖延

若面临无法按时完成任务的处境，须保持冷静并及时沟通。首要原则是尽早向上级领导及相关方告知进度延迟，切忌拖延至截止日才披露信息——此类行为极易被视为严重失职。建议提前主动发起坦诚对话，明确说明当前挑战与预期延误时间，为后续调整争取操作空间。

　　那么，截止日期延误的正当理由是什么呢？让我们从显而易见的情况开始。比如，医疗紧急情况、自然灾害和其他使你无法工作的事件。如果你发现自己处于其中一种情况，不要自责。你的健康和幸福比按时完成任务重要得多。大多数通情达理的人都会在此类无法控制的意外情况下给你延期。

　　接下来讨论项目范围界定错误。当项目的时间线或成本估算出现偏差时，须立即与团队成员及上级领导展开坦诚沟通，共同制定各方认可的风险缓解与任务优先级调整方案。

　　若障碍源于外部依赖(如供应商或跨部门协作)，例如Jane可能因等待市场部交付内容而无法启动工作，此时应提前部署应急预案并告知全员潜在延误风险。建议必要时通过上级领导向协作部门管理层发起正式协调请求，推动对方重新评估任务优先级。

　　最后是技术性障碍的应对策略。当设备突发故障或遭遇难以突破的瓶颈时，须预先制定技术应急预案以维持项目的基本运转。若此类问题足以导致项目周期延后，应在评估影响后第一时间向上级领导通报风险级别，并主动寻求专业技术支持与资源调配建议。关键是通过早期预警机制最大限度地降低技术风险对整体进度的冲击。

优先级：处理真正重要的事情

　　任务优先级管理常被视为效率提升的痛点。这如同在洗衣日面对成堆衣物，每件都看似紧急且需要优先处理。但须明确：个体精力存在客观上限，即便具备高度职业素养，单日可完成事项仍受时间与精力双重制约。

　　解决方案的核心在于接纳"无法完成全部任务"这一现实，正如古谚"罗马非一日建成"所言，任务清单的完成也应循序渐进。因此，请深呼吸并提醒自己：多次调整优先级是无伤大雅的。与其分散精力处理所有事项，不如专注于少数关键事务。

　　现在介绍两种实用的任务排序工具：艾森豪威尔矩阵与高效执行法(GTD)。

艾森豪威尔矩阵

　　艾森豪威尔矩阵又称艾森豪威尔决策原则，通过划分四个优先级区域提升任务管理效率。如图5.1所示，矩阵分为四个象限：立刻处理紧急且重要的任务、规划重要但不紧急的事项、委派紧急但次要的工作、清除既不紧急也不重要的任务。每个象限根据任务紧急性和价值属性进行分类处理。

	紧急	不紧急
重要	立刻处理	规划
不重要	委派	清除

图 5.1　艾森豪威尔矩阵

紧急且重要

　　这类任务应立即处理，对目标达成具有关键影响。例如电商平台突发崩溃、紧急会议或重大危机事件。以网站故障为例，每宕机一分钟都会造成客户流失与销售损失，此类兼具紧迫性与战略价值的任务必须优先处理，否则可能引发严重后果。

重要但不紧急

这类事务推动长期目标实现，支撑个人成长与职业发展。典型场景包括技能提升、战略规划及人际关系维护。此类任务须主动规划并分配专项时间，避免因短期压力而被无限推迟，例如每周固定投入三小时的时间学习新技术或设定季度业务发展路线。

紧急但不重要

这类任务多为干扰项，应尽量缩减处理时间。例如回复无关邮件或提交常规报销单据，这类任务可委托他人处理或延后完成，从而为更高优先级事务腾出时间。

不紧急且不重要

这类事务属于时间消耗源，应当完全避免。例如无目的刷社交媒体、追剧或打游戏，此类活动应彻底剔除或严格限制，以提升整体效率。

要使用艾森豪威尔矩阵，只需要列出各项任务并将它们归入适当的象限。这个过程可以帮助你优先处理紧急任务，专注于最重要的事情，最终帮助你更有效地管理时间并实现目标。当你清楚地了解哪些任务最重要时，可以相应地分配时间和精力。

使用艾森豪威尔矩阵的好处包括以下几点。

更好地把精力集中在最重要的任务上： 根据任务的紧迫性和重要性对它们进行分类，可以确保你把时间花在最重要的任务上。

更好地管理时间： 根据任务的紧急程度和重要性来排序，可以更有效地管理时间，避免把时间浪费在不重要的任务上。

改进决策： 通过使用艾森豪威尔矩阵，你能够更精准地判断哪些任务需要优先处理，哪些可以委派他人或直接清除。这一工具通过评估任务的重要性与紧迫性，帮助你避免因紧急事务压力而忽略长期目标。

高效执行法

高效执行法(GTD)是一种广受欢迎的时间管理与效率提升方法，旨在帮助人们高效管理工作并提升执行效能。该方法包含五个关键步骤。

收集

先将脑海中所有待办任务、零散想法与职责梳理清晰，并存入一个可靠系统中。具体操作可使用纸质记事本、数字工具或录音类应用来完成，目的是避免大脑因持续记忆琐事而产生负担，同时将所有待办事项集中存储到统一位置。

厘清

在收集所有待办事项后，须逐一厘清其具体内容与要求。此步骤包括定义每项任务的具体执行内容，必要时拆解为更小步骤，并预估每项任务所需的时间。此过程能让你更清晰地理解任务执行方式及时间分配方案。

分类

下一步是根据任务的优先级、截止日期和执行场景对任务进行分类。例如，可将任务划分为"紧急""重要"或"可暂缓"，也可根据所需工具或执行地点进行分类。这一步有助于整体规划任务执行顺序与时间安排。

检视

第四步是基于前序步骤对任务进行动态检视与优先级调整。通过定期回顾任务进度、评估完成情况，确保始终聚焦于关键任务，并持续向目标推进。这一步旨在优化执行效率，避免资源浪费。

执行

最后一步是专注于任务并开始执行。这一步强调每次集中处理单项任务直至完成，旨在提升专注力与工作效率，确保任务按时且高质量完成。

通过遵循上述五个步骤，可明确任务内容、执行方式与时间规划，从而高效推进目标达成。同时，通过定期检视任务进度并动态调整优先级，可始终聚焦于核心事项，确保工作方向与目标一致。

采用GTD框架的好处包括以下几点。

提升专注度： 厘清思路和任务优先级，可以确保自己在正确的时间专注于正确的事情。

优化条理性： 系统化待办事项有助于形成清晰的执行路径与时间规划。

提高工作效率： 使用GTD框架，可以减少干扰、有效管理时间，持续专注于关键目标，从而提高工作效率。

那么，艾森豪威尔矩阵和GTD框架哪个更好呢？答案取决于个人的具体需求和偏好。如果你偏向于使用结构化的方法来安排任务的优先级，那么艾森豪威尔矩阵可能是更好的选择。但是，如果你需要更灵活的方法来管理工作负载，那么GTD框架可能是更优的选择。

艾森豪威尔矩阵和GTD框架都是管理工作负载和确定任务优先级的有效工具。关键是选择最适合自身习惯的体系，并一直使用它来达成预期目标。

最后一步是善用上级领导的支持。领导可能看似是不断派发任务的人，但他们与你目标一致——都希望你成功。建议主动与领导沟通，共同梳理待办事项清单：先用优先级框架初步对任务进行分类，再征求其对核心任务与可延后事项的意见。这种方式既能明确工作重点，又能体现你的主动性与对上级意见的重视。

记住，优先级管理如同健身训练——虽须投入精力与自律，但成效显著。持续实践后，你终将游刃有余地掌控任务清单，甚至展现出高效执行力(虽非超级英雄，但效果相近)。

保持专注：实现目标的关键

作为职场人，你常常需要同时处理海量任务，既要按时完成工作、参与各类会议，又得及时回复邮件。这如同同时平衡一百个旋转的盘子，坦白说，难免令人应接不暇。但不必担忧——通过运用简单工具与策略，你可在处理任务的过程中保持专注，避免陷入忙乱。

首先，列出每日任务清单并记录所有待办事项，按重要性排序，同时预留休息与午餐时间以确保及时补充能量。合理规划每日可完成的任务量，避免超负荷安排。若仍难以确定优先级，可在与上级领导的一对一会议中主动征询建议，他们通常会乐于协助，从而提升你的条理性与专注度。

其次，可尝试采用番茄工作法管理时间：专注工作25分钟后休息5分钟，循环四次后延长休息时间至15~30分钟，以此维持全天的专注力与精力。

同时须减少外界干扰，例如在专注时段关闭手机通知与邮件提示，选择安静环境或佩戴降噪耳机。若需要背景音乐辅助，优先考虑无歌词的古典乐或爵士乐。

　　最后，务必安排休息时间。持续高强度工作而不休息只会导致倦怠。可选择散步、吃些点心或简单伸展四肢，这类活动能帮助你恢复专注力，重返工作时也会变得更高效。

　　总之，在工作中保持专注虽具挑战性，但借助合适方法与技巧，你既能高效处理任务清单，也能慢条斯理地享受午餐时光——甚至可能读完那本拖延已久的书。切记安排休息时间，最重要的是享受工作乐趣！

第 **6** 章
二

合作的关键作用

在竞争激烈的职场中，每次成功的产品发布、项目完成或业务里程碑的抵达都离不开一位无名英雄——合作。合作不是简单地与他人共事，而是将不同技能、观点和想法融会贯通，创造出超越个体叠加的成果。就像一支管弦乐队，每位乐手演奏不同乐器，但在指挥家的协调下却能奏出和谐乐章；同理，在商业环境中，团队的集体智慧、创造力和专业知识能达成单打独斗无法企及的成就。本章将深入剖析合作的复杂性，提供提升合作能力的见解与策略，既促进个人成长，亦推动企业整体成功。

建立信任：合作的基石

在深入探讨合作的本质之前，我们首先要理解一个基础要素：信任。试想这样一个场景：你们同乘一艘双人独木舟，如果两人朝相反方向划桨，船只还能前行多远？信任能确保双方在行动和意图上保持一致。在职场中，信任通过多种方式体现。

可靠性

你的承诺是否让同事感到安心？信任的建立需要日积月累的承诺兑现。每一次按时完成任务、每一次任务达标，都是在为信任的基石添砖加瓦。这种持续性的守信行为不断稳固着团队合作的基础。

透明度

不仅要分享成功，还要分享挑战和挫折，这有助于营造信任的环境。当同事们知道你对工作的起伏持开放态度时，他们会更愿意主动沟通，从而推动更真诚、高效的合作。

认可

及时肯定他人的付出能产生深远影响。适时赞赏并给予应得的认可，既传递尊重之意，亦为信任奠定基石。

如何协作执行尚未完成的工作

对于尚未完成的工作(Work In Progress，WIP)，分享工作进展就像数学课上老师要求"展示解题过程"一样，可能是一把双刃剑。一方面，这种分享能获得同事和上级领导的反馈、建设性意见及创意灵感，既体现项目推进状态又展现积极势头。另一方面，若分享未完成度较高的内容，可能留下欠佳印象，影响职业声誉。展示早期成果看似冒险——若质量不足或遭遇否定怎么办？不过，越早获取反馈，就越能及时调整，从而提升最终成果质量。

分享WIP的好处显而易见。

首先，从长远看，能节省时间和精力。初期阶段就将草稿分享给他人，能及时整合反馈意见，避免项目后期修改时因调整困难而耗费更多时间成本。

其次，分享未完成的工作有助于增进与同事及上级领导的关系。主动展示工作进度时接受反馈与批评，既能展现对自身能力的信心，也体现出为提升工作质量而承担风险的勇气。

然而，分享未完成的工作有潜在的弊端：未充分打磨的成果可能给他人留下不良印象。必须确保分享内容能准确反映专业水准，避免损害职业声誉。以下案例可说明此情形。

　　平面设计师Martin急于展示才华，将未完成的标识设计草稿分享给客户，认为对方会欣赏这种展示幕后过程的做法。但由于方案完成度低且缺乏预期质感，反而引发客户对其专业能力的质疑。基于初期印象产生的信任危机，客户开始过度干预设计流程，导致项目推进迟缓，甚至危及后续合作可能。

　　Martin若多等两周，待方案完成度达到80%后再提交，或呈现多个设计概念以展现创意灵活度，或许能避免信任危机。如何平衡分享工作进展的利弊？核心在于明确受众与分享目的：面向信任且尊重的对象时，可积极分享以获取反馈；面对严苛评价者或陌生对象时，建议将这种分享延迟至成果更完善的阶段。

　　此外，须注重时机选择：在会议中分享时应紧扣议程，避免因过度讨论而干扰进程，还要规避在不合适的场合展示未成熟的方案。

　　若选择分享工作进展，可借助协作工具提升流程效率。例如，使用Google Docs或共享的Word文档进行实时协作，此法适合用来处理文件、演示文稿或表格。

　　这些工具支持多人同步编辑，确保团队进度一致，修改内容自动更新，不需要反复传输文件。成员可添加批注、分配编辑任务，系统自动保留版本历史，以便追溯过往草案。

　　然而，实时协作可能引发版本冲突与错误，关键在于始终确保使用文档的实时共享版本，而非通过邮件传递本地保存的副本，否则极易混淆最新修改内容。例如，若两位成员同时编辑同一段落，可能导致覆盖彼此修改的内容。建立清晰的沟通机制与分工规则，能有效规避此类问题。

　　总之，分享工作进展时须谨慎权衡：合理运用可促进专业成长，处理不当则可能损害职业声誉。因此，明智抉择至关重要。

与利益相关者保持一致

　　理解并与利益相关者协同工作就像航海；每个利益相关者都是指引航向的基点。但这些利益相关者是谁呢？他们可能是与项目有直接关联的各方——团队成员、上级领导、客户以及终端用户皆在此列。

识别关键利益相关者

　　在启动任何项目之前都应列一个清单。项目涉及哪些人？谁有决策权？及早识别这些关键角色，有助于全面考量各方立场与核心诉求。

开放沟通渠道

　　定期与利益相关者沟通，确保信息同步，如同与副驾驶员核对飞行状态——对方可能注意到你忽略的气流颠簸。远程协作时建议使用微软Teams或Zoom等工具保持线上联络。

理解各方的关注点

　　每位利益相关者的关注点因其职责、专业背景及过往经验不同而不同，例如，市场营销专家注重品牌塑造，而财务负责人则紧盯预算。直面这些核心诉求，既能促进相互尊重，也能确保协作顺畅。

设定明确的期望

与团队成员及管理层达成共识对项目范围的界定和优先级的设定至关重要，须告知所有利益相关者项目范围、所需资源及时间节点。这有助于各方对目标和预期形成统一认知，降低后续执行中由理解偏差或沟通不畅导致的风险。

在项目规划阶段，利益相关群体须综合权衡价格、速度与质量三者间的优先级关系，以达成核心目标与关键成果。每个因素都可能影响项目成败，找准三者间的平衡点是关键。

跨部门合作：打破组织壁垒

在大型企业中，不同部门往往容易各自为政，形成一个个孤立运作的"信息孤岛"。然而，要真正释放企业潜力，必须打破这种壁垒。这正是跨部门协作的价值所在——通过跨团队的协作机制，建立部门间的桥梁，实现目标与资源的协同整合。

理解协作动因

在探讨"如何实现"之前，厘清跨部门协作的必要性至关重要。当市场、产品与销售等部门实现无缝协作时，将形成融合多元视角的全局战略。最终成果远非单一部门所能独立完成的卓越产物。

尊重不同的专业技能

每个部门都具备自身独特的技能组合。市场人员未必通晓编程，技术专家也可能不熟悉品牌运营的细微之处。然而当这些专业能力相互融合时，便能产生令人惊叹的效果。理解并珍视每个团队所贡献的专长，是协作成功的基石。

透明的沟通渠道

开放、畅通的沟通渠道是跨部门协作的基础。定期同步会议、进展通报及跨团队头脑风暴，能有效确保各方对项目进展形成统一的认知。

高效协作工具

无论是Trello共享项目板还是Slack即时通信平台，选用合适的协作工具至关重要。这些工具能消除信息屏障，确保信息与创意的顺畅流通。

化解冲突

不同的部门有不同的意见。冲突在所难免。然而，关键是如何解决这些问题。规范化的讨论流程和解决方案框架能确保分歧是富有建设性的，而不是破坏性的。

庆祝集体胜利

当跨部门合作项目取得成功时，将其作为集体胜利来庆祝。这不仅培养了团队精神，而且为未来的合作建立了积极的典范。

本质而言，跨部门合作不仅是团队配合，也是深度理解、充分尊重并有效整合各职能单元核心优势的过程。这如同交响乐章，无论各声部特质差异多大，只要精准协同，就能奏响传世佳作。

远程合作：高效驾驭虚拟工作空间

目前，随着大量职场人士实现远程办公或跨地域协同工作，虚拟工作空间已成为新型办公场所。工作成效不再取决于物理办公地点，而在于如何实现空间无界的高效产出。

灵活性的好处和坏处

远程办公模式赋予职员时间自主权，省却通勤耗时，允许个性化工作环境配置及自主调配工时。但这种自由存在隐性成本，传统办公场景的结构化约束缺失易导致注意力分散。实现高效远程协作的核心在于培养自我约束能力，同时建立免受外界干扰的独立工作区。

信息同步是关键

虚拟工作场景中无法实时面对面沟通，因此，强化信息同步尤为重要。须明确表述工作意图，详尽提供背景信息，确保团队成员的理解完全一致。遵循"宁可详尽解释，避免猜测空间"的黄金法则。

线上会议规范

除避免"忘记解除静音"等基础失误外，应以对待线下会议的同等重视态度参与线上会议。具体要求包括准时参会、充分准备会议材料、保持专业仪表形象。关于线上会议的具体实施要点，将在后续章节详细说明。

善用数字工具

市场上充斥着各种旨在实现无缝远程合作的工具，比如Zoom会议平台、Asana任务管理平台和Miro头脑风暴会议平台，这些工具可以显著提升虚拟办公效率。后续章节将详细介绍这些工具。

构建线上团队凝聚力

办公室茶水间闲聊与午休社交看似平常，实则是维系同事关系的重要纽带。远程办公环境中可通过定期组织线上茶歇时间或团队游戏夜等活动，有效缓解物理隔离状态下的疏离感，增强团队归属感与协作默契。

划清工作与生活的界限

当私人空间与办公区域界限模糊时，人们容易产生全天候待命的疲惫感。建议设定明确的工作时段并告知团队成员。须谨记，即便工作时段随时可变，也应保持劳逸结合的节奏。

远程合作虽然提供了许多优势，但也带来了独特的挑战。只要采用正确的策略、工具和思维方式，就可以使虚拟工作空间与传统的办公环境一样高效，甚至更高效。

什么是敏捷管理？针对科技公司的简短补充说明

在科技企业或大型跨国集团(如《财富》"世界500强"公司)

中，你可能常听到关于敏捷项目管理的讨论。作为项目成员，你有必要了解其运作机制。尽管该方法最初源于软件开发领域，但其应用范围早已远超技术行业。实践证明，敏捷模式能有效提升各类项目的实施成功率。

简而言之，这是一种强调团队协作、灵活应变与客户价值实现的工作方法。相较于传统的僵化管理模式，敏捷框架将任务拆解为可执行单元，通过持续迭代和优化确保项目目标的动态达成。

使用敏捷模式的第一步是清楚地了解所涉及的步骤和规范，包括如下几点。

Sprint(迭代周期)

Sprint是项目团队协作完成特定交付物的固定时间单元，通常持续2~4周。在此期间，团队实际执行迭代规划阶段所设定的任务，通过协作推进任务进度并根据实时反馈及新增信息灵活调整工作计划。这种机制既确保交付成果的阶段性落地，也支持团队在动态环境中持续优化工作流程。

迭代规划会议

团队在此阶段共同制订即将开展的迭代周期工作计划，通过评估各子项目规模及实际执行能力，明确下一周期的可交付成果。工作优先级以客户当前的实际需求为导向(内部关联方与外部客户采用同等标准)。瀑布式开发模式通常会预先规划完整项目组件与规范，而敏捷项目管理模式会在每个迭代周期，依据最新信息按重要性和影响程度重新确定任务优先级，从而实现动态调整。

每日站会

这种简短会议通常在每天工作开始或结束时进行，持续10~15分钟。由于时间紧凑，现场参会人员通常不必携带电脑，且多数人以站立形式参与(因此称为"站会")。每位成员须快速汇报当前的工作进度，并陈述存在的疑问或阻碍因素。

迭代评审会

团队在此环节全面检视周期内已交付的成果，向利益相关者进行成果演示，收集反馈意见并进行必要的调整。该会议的核心目标是通过实时互动验证工作成果的有效性，并为下一阶段的工作指明改进方向。

迭代回顾会

团队在此环节系统复盘本周期工作成效，深入分析流程中的优势与不足，并基于实际执行情况制定下一周期的效能提升方案。该会议通过结构化讨论机制，既巩固团队协作经验，又建立持续优化的工作闭环。

在掌握基础流程后，敏捷方法的协同优势更值得关注。其核心价值在于构建全流程信息透明机制，通过高频次沟通和可视化进度管理，确保各角色实时掌握项目动态，形成跨部门高效协作的工作模式。这种动态响应机制使团队既能快速应对需求变化，又能持续提升整体交付质量。

例如，当利益相关者要求对交付成果进行调整时，团队可在下一轮迭代周期中快速响应并完成修改。项目交付成果指项目执行过程中产生的、须向利益相关者或客户移交的具体成果，既包含实体产出(如建筑工程项目中的完工楼宇或基础设施)，也包含无形产物(如软件开发项目中的程序代码、技术文档或培训资料)。这类成果是项目活动的直接产物，其形式和范围因项目类型而异。通过持续响应需求变化并及时调整交付内容，团队能够有效平衡各方期望，推动项目实现高质量交付。

但敏捷方法的优势不止于此，其核心特征在于构建全流程透明机制。所有成员都能实时查看任务进展与完成状态，这种可视化机制能有效消除信息偏差，确保团队目标始终保持一致。值得注意的是，团队不必过度关注流程细节——敏捷方法鼓励灵活调整，任何流程优化建议都可即时提出并验证。关键在于找到适合团队实际工作节奏的实践方式。

因此，无论是软件开发还是创意项目管理，敏捷框架均可成为革新性管理工具。建议通过国际项目管理协会获取权威指南，结合团队具体需求评估其适用性。

状态更新和跟进

项目跟进与沟通——这项看似枯燥的工作实则至关重要，它往往成为项目成败的分水岭。下面以某科技公司的沟通偏差为例说明。

项目经理Tom发送的周报显示"紧急通知：RPA系统部署前优先完成ERP系统任务及PPC工作"。新员工Sarah误将专业缩写"PPC"理解为"按点击付费广告"(Pay Per Click)，随即投入大量精力优化数字广告投放。当Tom询问"项目后清理工作"(Post-Project Cleanup)进展时，双方才意识到沟通偏差。最终团队在加班处理实际清理任务的同时，意外收获了广告效果提升的附加收益。

让我们从沟通的基础要素入手，信息传递的清晰度与时效性至关重要，这决定了团队能否保持目标一致性。在职场中，滞后获取关键信息会导致工作节奏被动，因此建立有效的信息更新机制尤为重要——冗长的邮件、PPT演示或会议并非唯一选择，关键在于找到适合团队的高效沟通形式。

此时需要引入项目管理领域的实用工具——RAPID框架(Results"结果"、Audience"受众"、Purpose"目的"、Information"信息"、Decisions"决策")。这套方法如同沟通效率的催化剂，能帮助各类岗位的人员建立标准化信息同步机制，不必受限于专业项目管理资质要求，团队可根据实际需求进行适应性调整。

下面具体解析该框架的五大要素。

结果

你想通过这次交流达到什么目的？是更新团队的工作进度，分享结果，还是获得反馈？在开始沟通之前，确保你心中有一个明确的目标。

受众

你在和谁沟通？是你的团队、利益相关者、高管，还是客户？确保你了解他们的需求、期望和沟通偏好。

目的

你为什么要交流？你是在解决问题、提供信息，还是提出请求？确保你的目的是明确的，并与你的受众保持一致。

信息

为了实现目标，你需要分享哪些信息？确保信息的相关性、准确性和充分性。

决策

你需要做什么决策？或者你希望你的受众做什么决策？确保决策清晰、可行，并且与你的目标一致。

简言之，RAPID框架能系统呈现项目现状、当前进展、已达成成果、待解决问题及关键决策，适用于邮件、工作报告或现场汇报等多种场景。掌握这套工具后，团队将实现精准、高效的沟通——既能节省时间，减少误解，又能提升决策质量，同事也会感激你避免了冗长、混乱的邮件轰炸。

至于沟通方式，邮件具备即时性与便捷性，但存在信息过载风险；会议虽能促进实时协作，却需要严格把控时间与议程。

项目管理中有效沟通的关键在于平衡：保持适度频次、精简核心信息、聚焦成果导向。对于受众可能不熟悉的专业术语，建议将其转换为通俗易懂的表述。若对沟通方式存在困惑，应主动寻求管理者的指导，毕竟这项技能需要通过持续实践才能掌握。

无论你是经验丰富的项目经理还是刚刚起步的职员，都不要害怕利用RAPID框架来进行沟通。

创造合作文化

在公司成功的宏伟画卷中，合作常常作为一条金色的线脱颖而出。这不仅关乎流程机制，还要求企业营造一种环境，让各种想法可以自由碰撞，让每个声音都受到重视。下面来看看如何创造真正支持合作的文化。

鼓励开放和包容的思想

合作文化通常建立在思想多样性的基础上。鼓励团队成员以开放的心态参与讨论。这并非要求事事认同，而是强调主动倾听、理解并重视那些与自身不同的观点。营造包容氛围，确保每位成员无论背景或资历深浅，都能感受到自己的意见具有价值。

庆祝团队的胜利，无论大小

在企业发展中，对团队成就的重视应贯穿始终。无论是重大突破还是日常进展，都应及时表彰，这不仅能体现对员工辛勤工作的肯定，也能通过具体事例向全员传递"合作是成功基石"的核心理念。无论是例会的口头褒奖还是全司通告，这种正向激励都能促进合作的良性循环。

提供培训课程和研讨会

同步开展技能培训同样重要。随着协作工具和管理方法的迭代更新，定期组织专题学习既能帮助团队掌握最新协作软件功能，又能使成员深入理解新型项目管理模式。此类培训具有双重价值：在提升专业技能的同时，系统性强化企业培育合作文化的承诺。

促进跨团队互动

合作不应仅限于团队内部。筹备需要跨部门合作的活动或项目。这能拓宽视野，让团队熟悉其他部门的挑战和运作，从而对公司形成全面的理解。

将反馈视作建设性工具

在合作环境中，反馈应当被视为促进进步的工具而非批评、指责。通过建立畅通的反馈渠道，团队成员可以对流程优化、工具使用或合作关系提出建设性意见。这种双向沟通机制既能推动持续改进，也能增强成员对合作过程的参与感与责任感。

构建合作文化本质上是一项长期工程而非短期任务。其核心在于打造充满凝聚力的工作场域——所有成员基于共同目标形成合力，充分发挥各自的专业优势，最终实现集体价值的最大化。

合作创新

当深入探究职场合作的本质时，一个恒久真理始终明晰：创新与协作犹如日月相生，两者间的共生关系驱动企业持续发展，确保其在动态环境中保持韧性与竞争力。

创新并非仅依赖灵感与奇思，关键在于通过集体智慧对创意雏形进行打磨和完善。多元团队成员的差异化经验与专业视角在此过程中形成互补效应，当多样化的观点围绕共同目标交汇时，产出的解决方案往往具有独立个体难以企及的全面性与突破性。这正是合作成为创新基石的深层逻辑——通过整合知识谱系的多样性，使原始创意获得多维度的验证与升华。

　　合作模式并非一成不变的，其本质如同潮汐般动态变化。伴随产业升级、技术革新与全球格局调整，支撑有效合作的思维模式与实践方法须同步演进。传统职场中僵化的层级结构与各自为政的团队模式已不合时宜，当代组织更注重构建弹性合作机制，倡导开放沟通与多元思维的融合。

　　基于此，我们提出明确主张：在面向未来发展的征程中，应致力于持续升级合作模式。既要主动采用新型协作工具，也要善于吸纳多方视角，勇于突破既有规则的限制。在这种动态演进的合作机制中孕育出真正具有突破性的创新成果。

　　期待每位从业者都能在职业历程中留下这样的印记——通过团队智慧的聚合效应突破行业边界，以合作创新的核心精神实现范式变革。

第 **7** 章

二

管理冲突

　　职场冲突的管理虽具挑战性，但若能妥善处理，冲突将转化为促进团队成长、经验积累与协作效能提升的契机。关键在于清晰辨别"建设性意见碰撞"与"破坏性矛盾"的本质差异，通过科学引导分歧方向，既能有效化解矛盾，又能塑造积极健康的组织氛围。

创造性的冲突

　　创造性冲突是职场中一种良性的意见分歧形式，它能催生创新解决方案，优化工作流程并提升成果质量。当同事间开展此类建设性讨论时，他们得以系统探讨多元观点，质疑既有假设，从而实现对复杂情况的立体化认知。下面列举了创造性冲突的典型场景。

产品策略辩论

　　两位产品经理对新产品迭代方向存在分歧，一位主张增加功能数量以提升竞争力，另一位则坚持优化现有功能以确保用户体验。经过充分辩论后形成的折中方案，既兼顾客户需求与质量保障，又避免功能冗余。

营销方案分歧

　　数字营销团队主张增加线上广告预算以触达年轻群体，品牌活动团队则倾向于通过线上、线下活动建立深度连接。双方观点碰撞后形成的整合方案，最终实现了跨年龄层客群的有效覆盖。

运营效率讨论

　　一位团队成员提议采用某款新软件以提升工作效率，另一成员则担忧员工培训成本过高。双方经过深入讨论后决定开展试点测试，最终基于实际运行数据做出科学决策。

设计风格争议

两位平面设计师就品牌活动配色方案产生分歧，一位主张使用鲜明、亮丽的色彩吸引眼球，另一位则坚持采用低调、专业的色调传递稳重感。双方经过反复沟通后达成折中方案：主色调保持简约、大气，同时在关键位置策略性地点缀亮丽色彩以强化视觉焦点。

远程工作策略

企业在制定后疫情时代工作策略时，人力资源部门提出全员远程办公方案以确保员工自主性，而运营团队则基于线下协作优势主张混合办公模式。双方协商后形成灵活方案：设定每周核心到岗日，在确保团队协作效率的同时保持个人工作弹性。

这些案例中的分歧虽源于立场差异，但通过整合多元观点，往往能产生更优方案。为确保此类建设性冲突持续创造价值，建立有效的争议解决机制尤为重要。

组织是否已制定推进决策的评估标准？所有成员是否掌握充足数据以避免仅凭主观判断决策？另一关键议题是明确项目核心优化目标，例如应优先保障质量、速度还是成本？这些标准常存在天然矛盾，因为三者无法同时最优。

其他争议解决机制包括引入中立的第三方意见、团队投票表决或在最终决策前设置试点周期以验证不同方案。

反对但执行

解决创造性冲突的另一个关键点在于学会"反对但执行"，即在充分表达观点并参与理性讨论后，即使最终决策与个人意见相左，仍全力支持并推动决策落地。这种方式既维护了团队凝聚力，又能确保目标统一且充分吸纳各方观点。

当分歧严重影响团队效能且其他解决方案均失效时，可将争议提交至更高管理层。此时须聚焦问题对业务的影响，以客观、专业的方式陈述事实，避免掺杂个人情绪或主观评价。例如，重点说明争议如何阻碍项目进度或造成资源浪费，而非强调个人立场差异。

破坏性的冲突

职场中的破坏性冲突是指那些削弱团队凝聚力、阻碍生产力发展或营造有害氛围的冲突。它们通常源于个人不满、沟通不畅或未加控制的竞争行为。下面是一些例子。

性格冲突

两个性格截然不同的同事无法找到共同点。他们的分歧并非源于工作，而是由个人风格或习惯差异引发的。随着时间的推移，他们之间不断的争吵破坏了团队的和谐，影响了士气。

谣言和八卦

一名员工散布谣言，说他的同事和主管有暧昧关系。这会导致信任缺失，损害相关人员的声誉，并在团队中制造派系。

不健康的竞争

两个销售代表正在为升职而竞争。他们没有专注于自己的业绩，而是试图通过隐藏关键信息和向客户说坏话来诋毁对方，这会导致公司失去商机，而且会滋长工作环境中的"不和之风"。

角色模糊

两位团队负责人误认为共同负责同一个项目，因未明确权责界限，转而争夺主导权，导致成员工作重叠与执行混乱。例如，两位主管均要求审批同一份项目计划书，导致下属反复修改而无所适从。

未解决的不满

某员工认为在晋升与加薪方面遭遇不公后，未与管理层沟通解决方案，转而采取消极对抗策略——拖延任务执行、发表含沙射影言论，最终引发同事间不满情绪。典型表现为该员工在团队会议中阴阳怪气地质疑考核标准，破坏合作氛围。

破坏性冲突若得不到及时、有效的处理，将对团队和组织产生严重后果。此类冲突通常需要管理层介入、人力资源部门调解，甚至引入第三方专业机构进行干预。化解冲突的关键在于对事不对人，聚焦具体行为而非针对个人进行评判。

应对行为失当的同事

在职场中，同事的失当行为需要审慎应对，关键在于平衡专业态度与维护工作关系。

在采取行动前，应全面评估事件性质：若事件属于独立偶发事件，可保持宽容心态，暂不追究，它可能源于项目压力或私人事务；但若是长期行为模式并实质影响工作环境，则必须通过专业方式沟通、解决。后续章节将详解如何在不激化矛盾的前提下有效处理此类职场难题。

面对粗鲁的行为时，你自然而然地会感到沮丧或生气。然而，以牙还牙会使情况升级，并且会损害你的职业声誉。在解决这个问题之前，花点时间整理一下自己的想法和情绪。

当你和同事讨论这个问题时，关键在于把注意力集中在导致问题的具体行为或评论上，而不是攻击对方的性格。客观地描述这种行为，并解释它对你和团队的影响。这种方法有助于将冲突焦点转移至具体事务层面，提升有效解决问题的可能性。

在表达感受时，采用第一人称陈述比直接指责更有效。例如，避免笼统批评"你总在会议上打断我"，可直陈"当我发言被打断时，会感到思路受阻，难以完整阐述观点"。描述的案例越具体，越有助于对方理解行为的影响。

与同事共同探讨解决方案时，可协商设定沟通边界、调整互动模式，或引入其他合作机制，共同营造相互尊重的职场氛围。须注意保持解决方案的实操性，例如约定轮流发言规则、使用书面确认流程等具体措施。

当职场冲突可能升级或行为持续发生时，建立书面记录尤为重要。建议完整记录争议性互动的具体时间、地点及核心内容，此类文档在后续需要向直属主管或人力资源部门反馈时能作为有效依据。在陈述问题时应保持专业态度，重点说明该行为对工作环境及岗位履职能力产生的实际影响。若与涉事同事的直接沟通未取得进展或事态加重，则应向管理层或人力资源部门提交正式报告。

关键记录原则包括：及时性，确保事件细节清晰、完整；客观性，仅记载可验证的事实经过，避免掺杂情绪化解读。

具体来说，首先应当及时完成书面记录，此时事件细节记忆最为清晰，能最大限度地保障内容的完整性与准确性。书面记录应包含争议发生的精确日期、时间、具体场所，完整列出涉事人员及在场目击者名单。记录过程应严格按时间线还原对话和行为过程，重点标注各方发言的具体措辞与行动细节。若存在与该争议相关的电子邮件、聊天记录等辅助证据，须同步保存原始记录。

此外，须如实记载自身在冲突中的反应细节，例如是否主动化解冲突或选择暂时回避，这类信息能完整呈现当事人在冲突中的应对立场。整个记录过程的核心要求是保持绝对客观，仅记录可验证的事实性信息，避免任何主观情绪或推测性表述。

在完成事件核心事实的记录后，须持续追踪该冲突对工作流程、团队协作效率及项目成果产生的具体影响。若涉事人员存在多次类似行为，应系统梳理历史事件时间轴，通过对比分析揭示行为模式特征。所有记录材料须严格保密，仅限本人留存及后续正式申诉时使用，切勿与无关同事讨论具体细节。正式提交材料前建议寻求直属上司或人力资源专员的专业指导，确保记录内容符合公司规范且证据链完整。须特别注意遵循企业《员工手册》中规定的内部申诉流程，通过指定渠道提交材料以保障处理效力。

遵循上述原则处理职场中的不当言行时，既能坚守职业规范，又能有效维护团队良性互动氛围。记住，始终保持透明沟通渠道，明确界定行为边界，并通过协商建立双方认可的解决方案，这三项要素是妥善应对此类复杂局面的关键。坚持采用积极、理性的处理方式，有助于构建长期稳定的职场信任关系。

八卦和职场闹剧

职场流言对工作环境具有破坏性，不仅损害专业合作关系，还会削弱同事间的信任基础。要有效应对此类问题，须首先认识其潜在危害，进而采取系统性策略营造积极互助的团队氛围。

识别流言传播的初始信号至关重要。当察觉到谈话内容偏离工作主题转向私人领域，或涉及他人隐私及敏感信息时，应立即意识到对话已进入危险区域。此时应果断介入，通过转移话题或礼貌结束对话等方式阻断有害交流的持续。保持对谈话内容的警觉性，是防止流言扩散的首要防线。

应对职场闲言碎语的有效策略是转移话题或将谈话引回工作相关的内容。这样做既能表明你无意参与八卦，又能为同事树立职业素养的榜样。此外，尝试强调事件或人物的积极面，有助于遏制闲话传播并营造互助的工作氛围。

若你成为闲话的倾听者，要牢记自己有权选择不参与。不要回应，也不要提供更多信息，从而中断对话，也可通过表明"不想在工作场合讨论私人事务"或"更关注工作议题"来清晰表达立场。下面是一个例子。

想象这样一个场景——你在茶水间等待咖啡煮好时，销售部的同事Alex凑近你，压低声音说："听说财务部的Jordan和对象闹矛盾了？据说是办公室绯闻惹的祸。"你感到不适，Jordan是你尊重的同事，即便传言属实，这类私事也不该由他人传播。更重要的是，这根本不属于Alex该置喙的范畴。

你稍作停顿，提醒自己切莫忽视维护职场专业氛围的重要性，随即用礼貌而坚定的语气回应："我还没听说这类消息。其实我更希望我们的交流集中在工作事务上。对了，上周发出的项目进度更新文档你看了吗？明天部门会议前我想听听你的专业意见。"

Alex略显错愕但迅速调整状态："哦，对，邮件我收到了，咱们聊聊项目进展。"

这个例子展示了一种巧妙的方法，既能避开办公室八卦，又不会产生对抗情绪，也不会让对方感到过度的防御。它还强调了积极营造专业工作氛围的重要性，即使在看似随意的环境中也是如此。

在特定情况下，可能需要直接与传播流言者进行沟通。此时应当保持冷静、专业的态度，聚焦具体行为而非针对个人。客观说明流言对工作环境和同事关系的负面影响，同时建议对方就相关问题与疑虑直接与当事人沟通，而非通过散布传闻扩大影响。

构建积极、包容的工作环境同样是遏制职场流言的有效途径。促进坦诚交流、鼓励团队建设、培育尊重与理解的组织文化，这些举措能共同营造令流言蜚语难以滋生的职场生态。

在职场环境中，个人行为规范的约束同样关键。须谨慎筛选分享的信息内容与参与讨论的边界，意识到自身言行对团队氛围具有示范效应。

主动采取遏制流言传播的措施，培育相互支持与尊重的职场文化，有助于构建高效协作的和谐环境。同事间建立起信任基础后，团队便能凝聚力量，共同实现职业目标。

当同事达不到预期时

在团队项目中，当同事逾期交付或工作质量欠佳时，处理这类矛盾可能特别具有挑战性。与不达预期的同事打交道可能是一件令人沮丧、特别棘手和微妙的事情。面对未达标的合作者，既需要化解其挫败感，又要保持专业态度并寻求建设性解决方案。以下是应对此类情境的具体思路。

首要步骤是主动了解同事工作表现欠佳的根本原因。可能存在制约其工作效能的客观因素，例如遭遇个人事务困扰，承担过多的任务，或缺乏必要资源与支持。通过探明问题根源，可以制定更有针对性的改进方案。

处理同事工作表现问题时，有效沟通是关键。建议选择私下场合，以尊重且平和的方式开启对话，重点讨论其工作表现对项目进度和团队协作的影响，而非针对个人能力进行指责或评价。对话过程中可主动提出协助，询问是否有需要支持之处以帮助其重回正轨。

在沟通中须保持开放态度并耐心倾听同事的立场。对方可能存在影响工作质量的客观原因，或能提供解决问题的有效思路。积极接纳其意见，有助于建立更具协作精神的团队氛围。

若直接沟通后对方工作状态仍未改善，可向直属主管反馈情况。须以专业方式客观陈述问题对项目及团队的影响，列举具体实例并说明已采取的改善措施。须知目标在于寻求促进团队与项目成功的解决方案，而非追究责任归属。

在处理同事工作表现的问题时，应始终以解决问题为导向，保持应对方法的灵活性并根据实际情况提供必要支持。通过团队协作的力量共同应对挑战，才能有效推进项目目标达成。

隐私的重要性

在大型企业的日常沟通中，电子邮件及Slack等即时通信平台通常会被监控与存档，主要目的是确保员工遵守公司制度、保护机密信息、维护职业化工作环境等。因此，在这些渠道发布信息时须谨慎注意内容规范，避免涉及私人事务或参与八卦讨论。

须特别注意避免在记录留存的沟通渠道进行非正式闲谈，因为这些讨论容易被断章取义、曲解、误读，或意外转发给无关人员。即便是看似随意的言论或轻松对话，也可能引发严重问题，导致人际关系破裂甚至职业声誉受损。

另一个需要考虑的因素是，企业通常会制定防止职场骚扰、维护尊重氛围的规章制度。通过电子邮件或即时通信平台参与八卦或不恰当讨论可能被视为违规行为，进而引发纪律处分甚至解雇后果。

电子通信留下的永久记录可能被用于内部调查、法律纠纷或合规审计。不当言论将对职业发展产生严重后果，甚至时隔多年仍可能造成影响。

避免在公司监控的电子邮件与即时通信平台上八卦、讨论私事，不仅能保护自身职业声誉，也有助于营造积极、严肃且高效的工作氛围。应将这类平台用于专业交流和协作，确保信息内容符合公司政策与团队预期。

总之，通过区分建设性冲突与破坏性冲突，并运用冲突解决策略，可创建同事高效协作、分歧有效化解的工作环境。这种良性互动模式有助于团队集中精力达成目标，使每位成员都能在积极氛围中发挥价值。

第 **8** 章

二

留下良好的印象

　　职场中的第一印象可能是瞬间形成的，但维持良好形象是持续努力的过程，这不仅取决于专业能力，也与诸多细节紧密相连。本章将探讨职业形象塑造涉及的细微之处：得体的仪容仪表如何彰显专业态度；整洁有序的办公环境如何潜移默化地传递可靠形象；规范处理的报销单据等财务细节如何体现职业素养。同时解析职场中与送礼相关的潜在规则，以及如何科学管理休息时间——保持专业与人性化的平衡。通过关注这些看似微小却至关重要的环节，你将理解职场形象的塑造如同交响乐章的演奏，既需要把握关键节点，也要重视日常点滴的积累，这些共同构成了职业发展的路径。

着装和仪容

　　职场着装——"穿什么上班"这个经典难题始终困扰着职场人士。至少自西装问世以来，这个困扰便长期存在。本章将为你解析职场着装规范，让我们从最正式的商务正装谈起。

商务正装

　　商务正装通常指西装革履的正式装扮，男士须搭配衬衫、领带，女士可选择裤装或定制连衣裙。这类着装多适用于重要客户会晤、求职面试等特殊场合。但若身处投行、律所、经纪公司或管理咨询等行业，商务正装则属于日常工作要求。选择西装时须注重剪裁合体，避免服装过于紧绷或松垮，影响专业形象。建议优先选购黑、藏青、深灰等基础色系正装，通过衬衫、领带或口袋方巾等配饰展现个性。如今，Indochino、Suit Supply等品牌提供定制服务，允许你以合理价格获得量体裁衣的正装。搭配锃亮的系带皮鞋、乐福鞋或高跟鞋，可完善整体造型。

商务休闲装

商务休闲装是职场人士日常穿着频率最高的服装。此类着装介于商务正装与休闲服饰之间，既需要保持专业度，又讲究舒适性。男士可选择带领扣衬衫、针织衫、西裤与皮鞋组合，女士可搭配衬衫、半裙或西装裤。在传统行业，如金融、房地产领域，商务休闲装通常偏向剪裁利落的单品；科技与媒体公司则接受更随性的风格，允许穿着牛仔裤、Polo衫及设计简约的运动鞋。带有企业标识的文化衫在科技公司很常见，但应避免频繁穿着此类服饰。

日常办公场合须规避印有运动队标志的卫衣等过度休闲的服装，同时注意服装得体性：避免露腰、透视等暴露款式，瑜伽裤等紧身衣物须谨慎搭配场合。短裤在任何情况下均不适用于办公室环境，此类着装易被视作不够专业的体现，影响客户合作机会。远程办公时视频会议中仍须保持腰部以上得体形象，即便是周五便装日，也应遵循职场礼仪，维持优雅得体的职业基调。

面试

面试或入职前，务必提前了解公司着装规范。即使应聘公司氛围轻松，面试时的着装也应比日常标准提升一档——例如休闲西装搭配无领带的花纹衬衫，既显专业又不失个性。但若应聘公司整体风格偏随意，切忌全套正装出席，以免传递与团队文化不契合的信号。

职业仪容须保持整洁清爽：发型利落，胡须修剪整齐，指甲干净无污垢，妆容以淡雅为宜，配饰避免夸张。适度展现个人风格固然可取，但切忌浓艳眼影、浮夸首饰或复杂发型。职场并非时尚秀场——除非身处时尚行业，那便另当别论。

每日沐浴、使用止汗剂是基本礼仪。在职场文化中，浓烈香水或体味易被视为冒犯，清新自然的体味更能赢得同事好感。

私人空间

办公区域与工位是个人职业素养的延伸。杂乱无章的桌面可能让人质疑你的条理性，因此保持工位整洁至关重要。

首先，确保办公桌上没有不必要的杂物。建议将文件资料分类存放于文件夹、活页夹或文件柜中，办公用品须有固定的收纳位置。多数办公室设有公共储物柜，可适度加以利用。整洁有序的环境既能塑造专业形象，也能提升工作效率——试想，谁能在铺满便利贴、咖啡杯与零食袋的桌面上专注地工作？

其次，适度装饰工位可增添亲和力：摆放家庭合影、小型绿植或简约艺术品都是彰显个性但不过于张扬的选择。须注意装饰物数量与风格，避免将工位变成私人展览馆，毕竟这里是同事共享的办公空间。

厨房和公共空间

在休息区与茶水间须遵循基本礼仪。首要原则是保持环境整洁：用餐或饮用咖啡后，确保清理自己留下的痕迹，包括擦拭台面、妥善处理垃圾，并将公共物品归还原位。尊重他人食物隐私——未经允许，切勿擅动他人存放在冰箱里的食物，建议在食物包装上标注姓名与存放日期以减少误拿风险。此外须注意控制噪声：此类共享区域若邻近办公区，接打电话、播放音乐或视频时须控制音量，必要时佩戴耳机，避免干扰他人工作。

使用微波炉烹饪或加热食物时，须注意避免产生刺激性气味。以下食物因气味浓烈或持久性较强常被列为典型例子。

鱼类： 尤其是用微波炉加热时，金枪鱼、鲭鱼、三文鱼等会散发出令多数人不适的强烈气味。

西兰花、抱子甘蓝和卷心菜： 此类十字花科蔬菜加热时会释放硫化物气味，气味浓烈且易残留。

水煮蛋： 虽然办公室内不常煮蛋，但微波加热时，水煮蛋会释放硫化物气味。

咖喱与辛辣食物： 这类重口味菜肴香气浓郁，但可能引起他人不适。

大蒜与洋葱： 加热时气味强烈且易在空气中长时间留存。

爆米花： 新鲜爆米花香气宜人，但微波加热超时30秒便会焦糊，而且焦糊味可能经久不散。

气味浓烈的奶酪： 如林堡干酪、蓝纹奶酪或含大量奶酪的比萨二次加热时气味明显。

发酵类食品： 泡菜、部分腌制品和其他发酵类食品可能释放独特而刺鼻的气味。

含醋食物： 加热后产生的酸味可能令部分人反感。

预包装速冻餐： 部分微波速食品因配料原因可能产生超乎预期

的浓烈气味。

　　须谨记，尽管某些食物对你(甚至多数人)而言美味诱人，但办公室是封闭且多人共用的空间，在这里，气味容易扩散并长时间残留。这并非禁止在休息区或茶水间食用此类食物——若选择餐厅外卖，食物在到达办公室时已基本没有刺鼻气味，通常可在公共区域食用。关键在于加热食物时须特别留意：明确所加热食物的气味特性及其可能对同事造成的影响。若实在想品尝微波加热的鲭鱼，或许今日正适合来一场户外野餐！

共享物资

　　记得关注共享物资存量，若咖啡、纸巾、洗碗剂等日常用品即将耗尽，且属于公共责任范畴，应及时补充，否则应通知专人处理。保持冰箱清洁同样关键，定期清理过期或变质物品以避免异味。使用共享区域开会时，尽量安排在非高峰时段以减少对他人的影响。个人物品应整齐收纳，避免占用公共区域。每位成员都有责任维护共享空间的和谐。通过遵循上述规范，将共同营造更融洽、高效的工作环境。

送给同事的礼物

　　关于办公室送礼规则，须注意潜在风险，但不必过于紧张。适合同事的礼物通常是表达心意的小物件，例如一盒巧克力、一盆绿植或一张手写贺卡。若不确定选什么，保持简洁、真诚即可。特别要强调的是，手写感谢卡的价值常被忽视——在信息转瞬即逝的数字化沟通中，一张真挚的纸质卡片往往能留下更持久的感动。

当同事临近重要人生节点(比如退休或迎接新生儿的到来)时，同事共同出资准备一份礼物是温暖的表达。但须注意方式和方法：建议先指定专人牵头负责募资与采购，避免混乱或重复购买。发起募资时应清楚地表明参与属自愿性质，金额不限且均被感谢。须对每人出资数额严格保密，避免造成心理负担。同时须预留充足时间供大家考虑和参与，尊重发薪日和个人预算的差异。礼物的意义在于传递团队的祝福与喜悦，一份凝聚众人心意的礼物将成为同事情谊的美好见证。

作出积极贡献

在职场中留下良好印象对职业发展至关重要，但应适度地积极表现，避免显得刻意或被视为"马屁精"。通过真诚为团队与公司创造价值，既能树立积极形象，也能使你的努力得到认可。

参与跨部门协作项目是树立积极形象的有效方式之一——这不仅能展现你对公司整体发展的责任感，还能学习新技能、拓宽对组织运作的理解，并体现团队协作能力。但须确保此类事务不影响本职工作的完成，同时避免因过度承担额外任务而模糊核心职责边界。

在职场中脱颖而出的另一种方式是主动培训新员工。向新人传授经验既体现了你对公司发展的责任感，也有助于营造互助的工作氛围。这一过程不仅能提升你的沟通与领导能力——这些素质在任何组织都极具价值，还能通过管理实习生培养带教技巧。指导实习生完成任务的过程，既能为企业储备人才，也可塑造你关注他人成长的形象。

此外，系统梳理工作流程与实用经验能为团队创造显著价值。试想团队中有多少流程依赖口口相传，当执行方式与预期不符时容易引发矛盾。将这些隐性知识转化为可共享的文档，能有效提升效率、优化工作流程并降低错误率。这样的举措能展现你对细节的把控、组织协调能力以及对持续改进的追求。

与客户保持专业且礼貌的互动是职场中树立积极形象的有效方式。通过提供优质服务与支持，既能提升企业口碑，又能与外部合作方建立良好关系。即使不处于销售或客服一线，当因专业能力参与客户事务时，也应重视每一次互动的质量。这既展现你有效代表公司的能力，也凸显你对客户满意度的深刻理解。来自客户的正向反馈还能成为绩效考核中的有力佐证。

费用和差旅的管理

费用和差旅的管理可能是一项复杂的任务，在平衡公司制度和个人喜好的时候尤其需要谨慎。负责任且透明地处理费用是确保你在组织中保持良好声誉的关键。本节将探讨费用管理的最佳实践，涵盖企业有否正式制度的不同场景。

若公司有正式的费用报销制度，务必仔细了解其规定并严格遵守。该制度通常会列明可报销费用的种类、每日或每趟差旅的限额以及报销所需的单据材料。务必按照制度中明确的流程和要求执行，若有不确定之处，应及时向直属上司或人力资源部门确认。部分企业(尤其是《财富》"世界500强"公司及大型咨询机构)与特定酒店或连锁品牌签订协议价格，这类安排既能为员工提供舒适的商务型住宿，又能合理控制成本。

提交报销材料时须完整提供收据、发票及其他佐证文件。报销单内容应确保准确、详尽，清晰说明每项支出的具体用途及其与工作的关联性。保持细致、透明的记录能有效避免误解或被质疑不当使用资金。

若公司尚未制定正式的费用管理制度，员工须审慎判断并自行把握差旅开支尺度。建议主动与直属上司沟通，确认住宿、机票等项目的合理限额标准。基本原则是将公务支出视同个人消费，在满足业务需求的前提下优先选择性价比最优的方案。针对大额支出项目，建议提前与上司充分沟通以达成共识，避免后续争议。

即便公司未设立正式费用管理制度，仍须对所有支出保留完整的票据材料，包括收据、发票及费用说明文档。采用积极主动且条理清晰的管理方式，既能获取管理层的信任，亦可规避因费用模糊引发的负面评价。

使用公司信用卡时，应秉持与个人财务同等的审慎态度。严格区分公私用途，避免混合消费(即便计划事后补还)，因为此类行为易引发账目混乱以及对你的财务诚信的质疑。

出差前应提前规划成本优化方案，例如提前预订航班、选择中端价位酒店、优先采用公共交通或共享出行服务(而不是租车)。餐饮消费须避免铺张浪费，点餐时控制菜品、酒水单价，在保障出行质量与安全的前提下实现合理支出。

费用报销中的灰色地带

当费用管理制度不明确或存在主观解释空间时，通常会出现允许报销的灰色地带。示例如下。

商务招待

宴请客户属常规商务行为，但高尔夫、音乐会、水疗等活动的支出则可能被判定为过度或不恰当的支出。这类情境下应特别注意费用性质与业务需求之间的合理关联性，避免逾越职业操守边界。

差旅标准升级

差旅标准升级的情况须谨慎处理。若你因酒店集团或航空公司高级会员资格而获得免费升舱/房型的机会，此类情况通常可接受，但须在报销凭证中明确标注原始标准费用。自费升级属个人选择，但须注意与同行同事的消费标准保持一致，避免造成特殊化印象。对于国际长途飞行(如超5小时)或跨时区出差后须立即参会的情况，企业通常允许商务舱升级，以保障工作效率。

工作餐

工作餐费的报销须严格区分商务与社交性质。只有以业务洽谈为主要目的的用餐可申报，纯社交聚会产生的餐饮费用不得计入公费支出。申报时须如实说明聚会性质，保留完整消费记录以备查验。

差旅期间的个人费用

商务差旅期间因个人活动产生的费用(如观光游览、购买纪念品或享受个人护理服务)存在界定模糊性。原则上个人消费不可计入公费报销，但当个人活动与商务事务存在交集时，可能产生混淆。因未携带必要日用品(如洗漱用具、剃须工具、充电器等)而产生的采购费用，通常可纳入报销范围，但须注意多数商务酒店都会免费提供此类物品。

配偶或家庭差旅费用

　　员工携配偶或家属出差的费用报销须严格分情况处理。原则上，家属的交通费、住宿费等个人消费不可纳入公务支出范围。但若参与的是公司组织的集体活动，且家属已获得正式邀请函，则可将其视为行程中的同行人员，相关费用由企业统一承担。日常商务差旅中，若员工自行决定携家属出行，则其额外产生的差旅费用应由个人承担。

家庭办公费用

　　家庭办公费用的报销须明确公私界限。购置基础办公设备(如电脑、桌椅、耗材)通常属于合理范围，但高速网络套餐升级、购买高价人体工学椅等改善型消费可能超出企业报销标准。建议提前查阅公司的自带设备政策，了解具体可报销的家用设备清单。

　　处理此类模糊费用时，务必仔细研读公司的报销制度。对于不确定的消费项目，应及时向直属上司、IT部门或人力资源部咨询、确认。当存在疑虑时，应优先采取谨慎态度，避免申报可能被视为不当或过度的支出。

　　无论是差旅还是居家办公场景，费用管理都应秉持专业、审慎的原则。严格遵守企业财务规范、留存完整消费凭证、审慎使用公款等行为，既能维护个人职场信誉，也彰显出你对费用管理的职业素养和责任心。

工作间隙的管理

办公室工作间隙的合理利用关乎职业形象的塑造与工作效率的提升。虽然工作中出现阶段性空当属正常现象，但须明确区分适宜行为与可能引发误解的举动。

专业场景下可接受的休整行为应同时满足状态调节与职业素养维护双重目标。例如：通过短时散步缓解思维疲劳，阅读行业动态资讯，整理办公环境，参与在线课程或行业讲座等系统性学习。这些做法既能保持工作效率，又能展现对岗位的投入度及持续提升专业能力的主动性。

合理利用工作间隙的举措：除基础休整外，空闲时段还可选择协助团队成员处理任务，主动分担同事工作量，或自主发掘能提升团队效率、优化业务流程的项目。这类行为既能体现协作精神，也能展现主动担当的工作态度，有助于树立积极进取的职业形象。

须规避的不当行为：长时间刷社交媒体、网购、追剧、玩游戏或接打私人电话等。这些行为易被同事或上级视为工作态度散漫的表现，有损职业形象。此类活动易传递出对岗位职责缺乏重视的信号，影响团队信任度与个人职业发展。

办公休息时段的行为管理须兼顾职业形象的维护与必要的休憩需求。例如，午休期间用手机观看短视频时，须注意控制音量，避免干扰他人，并规避可能引发争议的敏感内容；接听私人电话时，应选择会议室等独立空间或移步室外，最大限度地减少对同事工作的影响。

此类行为规范的核心在于平衡感：既要通过合理休整恢复工作状态，又要确保行为模式符合职场专业要求。须谨记，同事与上级始终关注着工作场景中的各类细节表现，这些观察将直接影响其对你职业素养的评估，进而关联到未来职业发展机会的获取。

办公室空闲时段应优先用于调整工作状态、聚焦核心任务，并参与有助于展现岗位责任感与职业成长性的活动。例如，通过行业知识更新、跨部门协作支持等方式强化专业素养，同时规避可能引发负面评价的行为(如过度闲聊或处理私事)。此类时间管理策略既能提升个人工作效率，也有助于构建积极进取的团队氛围，同时巩固你在组织内的专业口碑。

总之，职场形象管理须从多维细节着手：注重商务着装与个人仪表的得体性，保持工位的整洁有序，严格遵守差旅报销制度，等等。这种系统性的自我管理不仅能获得同事与客户的价值认同，也能为职业晋升创造良性发展基础。通过持续强化专业形象与实务能力，你将逐步实现个人职业目标。

第 **9** 章
二

与客户和同事打交道

欢迎进入职场社交这一充满挑战与机遇的领域。掌握得体互动技巧、建立稳固人际关系、在专业界限内展现亲和力，是既融入团队又不失职业形象的关键。

如何在办公室之外与客户打交道

在办公室外与客户互动时，场所的选择须兼顾专业适配性与体验愉悦度。高端鸡尾酒吧固然能彰显格调，但须注意并非所有人都青睐鸡尾酒文化。建议优先考察咖啡创意空间、精品酒廊或融合菜系餐厅等兼容多元需求的场所。若资源允许，豪华酒店行政酒廊、会员制俱乐部(如Soho House、The Wing)或高尔夫球场等半私密空间，既能营造尊享感又便于深度交流。核心原则是确保环境不过于喧闹，以维持高效沟通氛围。

此类商务社交须平衡专业规范与客户体验：既要通过精心策划的活动强化合作关系，又须严格遵守公司差旅报销制度。为了避免商务社交中的常见问题，可参考以下建议。

在公司的预算范围内

规划招待客户的活动前，须仔细研读公司费用报销规范，重点掌握允许的商务场所类型、人均消费标准及可报销费用范围。建议采用三步操作流程：首先，筛选符合公司定位的备选场所，通过比价网站或供应商询价获取准确报价；其次，根据活动规模编制预算明细表，重点标注餐饮、交通等核心支出项；若遇特殊场景(如高尔夫球场预订)，应提前与直属上司或人力资源部门进行费用审批确认。费用管理原则强调全程留痕，须妥善保存消费凭证与审批记录，确保后续报销流程符合审计要求。

确定适当的奢侈程度

规划招待客户的活动时，须综合考量活动目标与客户特征：若要庆祝重大合作成果或维护核心客户，高端商务宴请、精品体育赛事等通常是合适的；若仅为常规联络，此类高规格安排易产生铺张印象。

建议采用双维度评估体系：一方面，严格遵循企业差旅政策与文化定位，优先选择体现企业特质的活动形式；另一方面，通过前期调研掌握客户偏好，确保活动既展现诚意又避免过度炫耀。通用准则是，活动体验应与客户关系层级、业务目标形成正向匹配，在专业性与舒适度间实现平衡。

商务宴请结账礼仪

通常情况下，邀请方应主动承担餐费，这既能体现对客户时间价值的尊重，也有助于建立信任关系。若客户坚持付款，可礼貌致谢并说明公司规定须由己方承担费用；若对方再三坚持，可协商分摊费用以维系良好合作氛围。

须特别注意：部分大型企业(尤其是零售行业公司)对接受款待有严格的道德合规政策。安排用餐前应主动询问客户是否存在此类限制，如有，则避免选择当地顶级奢华餐厅，转而选择环境得体、价位适中的场所。此举既能规避合规风险，又能展现专业素养。

领导在场时费用处理规范

与领导共同参与招待客户的活动时，通常由在场职级最高的管理者承担费用支出。实际操作中须注意：不同企业可能存在报销流程差异，建议活动前与直属上司明确费用分摊机制，避免现场出现推诿尴尬。即使领导已确认支付，仍须随身携带备用支付工具，以应对突发状况(如公务卡支付失败等)。

商务赠礼规范

商务赠礼应严格遵循公司的规章制度，注重礼品的象征意义而非价值高低。高价礼品易引发贿赂误解，建议选择具有企业文化特征的定制化礼品或地方特产。接收礼品时应诚挚致谢，即便礼品实用性有限，也须保持得体态度，后续可通过邮件等形式再次表达谢意。

在办公室之外建立同伴情谊

组织同事聚会、团队建设及公益活动是增进职场关系的有效方式。主动分享个人兴趣爱好，并鼓励同事参与交流。可加入公司内部运动社团或兴趣小组，但须注意协调社交活动与本职工作的平衡。切忌沦为只热衷于组织活动却疏于业务推进的"社交达人"。

策划团队活动时，须充分考虑成员多元性格特征与兴趣偏好。建议组合策划涵盖不同社交需求的多样化活动形式：既有桌游之夜、读书会等静态休闲类活动，也包含KTV欢唱、密室逃脱等动态社交类项目。此类混合型方案可确保内向与外向型员工均能获得舒适参与体验。

职场社交活动(如部门聚餐、年会宴请及客户接待)是构建良性同事关系的重要场景。参与时应始终遵循基本职场礼仪，在保持专业形象的同时规避失礼风险。

同事聚餐属于工作场合的延伸，须遵守职业礼仪准则。席间应避免涉及政治立场、宗教信仰等易引发争议的话题。交谈时须注意言辞分寸，杜绝低俗玩笑或不当用语。

常见失礼行为包括迟到早退、对餐品服务过度挑剔、交谈中态度强势或咄咄逼人等。此类场合本质是建立人际关系的契机，应保持积极态度，参与有意义的对话，展现团队协作精神。

公司聚会虽为放松场景，仍须维持专业边界。基础礼仪包括得体着装、控制酒精摄入量、避免任何可能引发负面评价的行为(如过度喧哗或举止轻浮)。活动过程中可通过分享职场趣事或行业见闻营造轻松而不失格调的交流氛围。

公司聚会上的失当举止包括与同事言语暧昧、开低俗玩笑或发表不当言论，以及其他任何可能构成骚扰或冒犯的行为。须谨记：此类活动仍属职场社交场合，应秉持专业态度，规范自身言行，否则可能自食其果。例如在节日派对上，若有人因醉酒而在CEO面前言行失控，可能会导致次日遭解雇的严重后果——此类事件在多家企业真实发生过。保持得体举止不仅能维护个人职业形象，也可避免因短暂放纵而葬送长期积累的职场信誉。

包容的社交

在策划活动时，要注意不同的文化或宗教习俗。避免在重大公共假日安排聚会，并考虑为残疾人提供无障碍设施和便利条件。确保场地对轮椅使用者无障碍，并为那些可能有不同活动需求的人提供备选活动方案。

为所有员工创造友好、包容的环境，不受年龄、性别、宗教或性取向的影响。倡导开放、宽容的心态，杜绝冒犯性的语言、玩笑或行为。营造互相尊重和理解的氛围，让每个人都能轻松、自在地分享独特的背景和经历。

虚拟工作场所中的社交

随着远程工作日益普及，线上社交已成为新常态。可组织虚拟欢乐时光或团队建设活动，例如在线知识问答、云端密室逃脱，甚至线上烹饪课程。须倡导"适时休息、远离工作"的理念，提醒同事关注工作与生活的平衡。通过定期与同事沟通交流、分享动态进展、开展非正式对话，增强远程团队的归属感与凝聚力。团队会议和一对一沟通应使用视频通话，即使相隔遥远，也能通过实时画面增进彼此之间的联系。如同实体办公室场景，在虚拟工作场所中，仍应共同庆贺团队里程碑、成员生日及重要成就，延续集体仪式感。

如何与同事及同行建立联系

人脉拓展与日常社交在目的和深度上存在差异。人脉拓展是一种策略性建立专业关系的方式，通常针对尚未熟识的对象，其核心在于知识共享、机会发掘以及职业或业务发展。日常社交则侧重于轻松建立私人联系，不含职业目的。人脉拓展的价值在于它能开启新机遇，提供多维度行业见解，并推动职业道路的持续进阶。

在所属机构及行业内搭建人脉可带来多重益处，包括职业能力提升、经验互通和潜在岗位机会。建议通过参加行业会议、线上研讨会及专题讲座开启对话。在领英(LinkedIn)平台保持活跃，通过评论行业领袖动态、分享专业内容、加入行业社群等方式增强互动。

建立人脉时须保持真诚态度，主动关注他人需求。通过开放式提问了解对方的职业经历、应对挑战的经验以及成功案例，在适当的时机提供专业支持或建议，同时，可自然地向对方寻求指导。有效的人脉关系本质是双向互动——既要懂得获取资源，也要主动提供价值。

维系职业关系可采取以下方式：发送带个性化备注的领英好友申请，会议结束后及时发送致谢邮件，定期分享与对方领域相关的优质文章或实用资讯。建议每隔3~6个月主动与联系人沟通，既可交流行业新动态，也可探讨潜在合作机遇，保持关系的活跃度与价值延续性。

职场新人常对高管心存畏惧，但这些管理者也曾经历过类似阶段。多数高管乐于结识公司不同层级的员工，并愿意抽出时间了解基层工作的日常细节，同时就如何在组织内取得成功提供建议。若希望与高管交流，可先联系其行政助理，明确告知仅需一次简短的介绍性咖啡会面(通常15~30分钟)。由于高管日程可能因紧急事务而调整，须提前表明时间灵活性。准备此类会谈时，核心在于设计一段简洁的自我陈述：清晰说明当前工作重点，这些工作如何支撑部门及公司目标，以及你期望通过该职位在哪些方面获得成长。确保语言简练，避免使用复杂术语或冗长描述。

与同事交往的潜在风险

职场友谊虽能带来归属感，但仍须警惕潜在隐患。须注意避免可能引发骚扰误解或偏袒嫌疑的行为，同时须提前熟悉公司关于职场社交的相关规定。参加公司活动时建议将饮酒量控制在一杯以内，过量饮酒易导致判断力下降，可能对职业形象造成损害。保持清醒状态，既能维护专业度，也有助于把握社交场合的边界感。

切忌参与办公室八卦，尤其是涉及公司机密或同事私交关系的话题。此类行为不仅助长消极氛围，还会损害团队信任度与士气。须谨记自身职业身份，始终保持对同事积极、尊重的工作态度。

平衡个人生活与职业关系是维持职场边界的关键。与同事建立友谊无可厚非，但须注意避免私人事务干扰工作执行。若发现与同事的私交已影响职业表现，建议开诚布公地沟通问题本质，协商解决方案以维持专业度。

应对社交活动中的困难或有害行为

让我们正视现实：并非每个同事都如阳光般友善易处。在与难相处的同事打交道时，应设定明确的界限并保持专业精神。避开八卦和闹剧，知道何时从可能引发矛盾的谈话或情境中抽身。如果同事表现出攻击性或冒犯性言行，试着冷静而直接地解决问题，或者向值得信赖的同事或领导寻求支持。

办公室恋情

发展办公室恋情须格外谨慎。若考虑向同事提出约会邀请，应预先评估可能引发的连带影响。重点考量双方职级差异——与职位高于或低于自己的同事建立关系，易引发利益输送质疑或偏袒争议。同时须预判关系破裂可能引发的职场困境，包括工作配合度降低或日常相处尴尬等问题。

在大型企业环境中，与完全无工作交集的其他部门同事建立关系相对可行。对于此类情况，建议通过日常接触逐步了解对方，观察是否存在双向好感信号，确认交往意愿后再采取行动。整个过程须保持职业态度，避免逾越职场边界。

以下情况不宜向同事提出约会请求：对方已有稳定伴侣、属于直属上下级关系，或对方明确表示不愿与同事发展恋情时，应尊重他人意愿并保持距离。

若职场恋情已进入稳定阶段，须及时向人事及上级报备，避免利益冲突或偏袒嫌疑。主动说明关系细节并严格遵守公司相关规定，确保职业态度始终优先于私人情感。日常工作中须注意言行边界，避免在公开场合流露亲密举动。

总之，与同事及客户建立社交关系是职场生活的积极组成部分。通过遵循本章提供的建议，既能在专业领域拓展人脉、营造正向工作氛围，又能有效维护个人边界，实现职业发展与职场融洽度的平衡。

第 10 章
二

掌握沟通技巧
——建立联系

欢迎进入职场沟通技能精讲章节。在当今多元化的工作场景中，掌握邮件、电话、即时通信及面谈等不同渠道的沟通策略至关重要。

首先，面对面沟通能力始终是职场核心技能。本章将系统指导如何开展高效会议、化解无效寒暄及尴尬，并通过得体言行展现良好职业形象。

其次，电子邮件规范同样不可忽视。我们都曾收到过因语气失当、内容冗长或滥用表情符号而令人尴尬的邮件。本章将提供实用建议，帮助规避这些常见错误，确保邮件表达清晰且符合职业规范，例如通过结构化内容提升信息传递效率，以及合理使用正式措辞替代非必要符号。

随后，你将学习电话沟通技巧。电话交流在职场中仍具有不可替代的作用。本章将系统讲解通话礼仪要点，涵盖开场白设计、话题引导策略，并重点演示如何录制简洁而专业的语音留言——包括明确自报身份、精简核心信息及规范结束用语等实操方法。

最后，我们将解析短信及即时通信在工作场景中的应用规范。尽管这类工具日益普及，但关于使用场景与方式的误解仍普遍存在。须遵循基础规则，例如在专业沟通中避免使用缩写及表情符号，确保信息传达清晰、得体。

关于联系人管理，本章将提供高效维护联系人列表的实用技巧：从保持信息实时更新到搭建分类存储系统，帮助你实现沟通资源的有序管理。

无论你擅长邮件沟通还是电话交流，本章内容均能提供针对性指导，助你提升全渠道沟通的专业度与效率。

面对面沟通

如今，大量沟通都是在线完成的，即便如此，面对面交流仍是职场沟通的重要环节。并非每次交流都需要正式会议或一对一谈话，但无论是临时到同事工位商讨事务，还是在茶水间偶遇时的简短对话，都应注重沟通方式的得体性。

本节阐释的面对面沟通实用准则，能帮助你在日常交流中既保持效率又体现专业度。

第一天上班

上班第一天总是交织着兴奋、忐忑与无形的压力——这不仅是自我介绍的契机，也是为后续职场互动奠定基调的关键时刻。

适当的问候

当面问候是职场沟通的基础环节，无论是正式会议还是非正式碰面，恰当的问候方式都将奠定双方后续交往的基调。主动握手时保持适当力度，配合自然微笑与适度眼神交流，既能传递专业态度，又能展现亲和力。须注意不同文化背景下的礼仪差异，例如，部分场合下点头示意比肢体接触更显稳妥。

在美国职场，同事间普遍习惯直呼对方名字以体现相互信任与紧密协作的关系。若团队中存在多位同名同事(例如三位Dan)，应礼貌询问对方希望如何区分称呼。

正式场合须使用职位头衔以示尊重，例如"王经理"或"李主管"。跨文化沟通中须注意问候礼仪差异：多数文化场景下握手是表达尊重的通用方式，而在日本等国家则适合使用鞠躬的问候方式。建议提前了解合作方的文化习惯，避免因礼节误解影响商务关系。下面是几种不同类型的问候语。

电梯场景自我介绍

"大家好，我是[你的名字]。我将以[你的具体角色，如初级产品经理]的身份加入[特定部门，如"产品管理团队"]。我刚从[学校名称]毕业，所学专业是[你的研究领域]。我期待着合作。"

添加个人风格

注入一点个人细节会让你显得更有亲和力，更令人难忘，但要保持简洁。

"工作之余，我喜欢下馆子、远足和滑雪。我刚到这个地区，所以如果你有什么好的餐馆或远足路线推荐，我洗耳恭听。"

表现出热情

对同事和公司文化表现出真诚的兴趣。

"久仰团队在创新项目上的卓越成绩，期待尽快参与其中，既贡献个人所长，也向各位前辈讨教。"

以公开邀请结束

以轻松随和的开放式话语收尾，既能展现亲和力，又能激发同事主动交流的意愿。

"如果大家想喝杯咖啡聊聊天，或者有好书推荐，随时找我！我向来对香醇咖啡和精彩读物来者不拒。"

记住，职场沟通须张弛有度：保持专业风范的同时流露真性情，分享个人兴趣但不过度透露隐私，始终敏锐留意团队氛围与新同事的反馈。遵循这些原则，生涩的寒暄将逐步发展为深度对话、项目协作与午间小憩的温馨互动。

向新同事介绍自己

建议在入职后主动向同事打招呼，除同组成员外，邻座同事也须问候。拖延会加剧尴尬——若两周未与对面同事交流，对方可能误以为你态度冷淡。部分同事因不了解你的工作职责，可能羞于主动破冰，此时率先自我介绍可化解拘谨氛围。

问候应简洁、有力，握手时力度适中并配合标准话术。

"你好！我是[你的名字]。我在[你的部门或职位]工作。很高兴认识你。这是我入职的第一周，我想认识大家。你在这里负责哪些工作？"

末尾提问能激发对方表达欲，体现对话交互性，为后续深入交流创造契机。

向潜在客户介绍自己

在向潜在客户介绍自己时，出错风险要高一些，但别担心。要自信、简洁，眼睛里闪烁着热情。

"早上好/下午好！我是[你的名字]，在[你的公司名称]担任[你的职位]。很高兴了解到[客户的公司/项目]，我很期待与您合作。"

把自己介绍给上司或有重要地位的人

尊重是最重要的。把这想象成和大学院长见面的情景。

"您好[姓+长辈的头衔，如先生、夫人、博士等]，我是[你的名字]。"我在[部门/项目]工作了[具体时间，例如"三年"]。很荣幸见到您。我听说过很多关于您的[特定项目/部门]事迹。"

同样，巧妙认可同事的贡献能事半功倍。日常交流中多数同事倾向于直呼其名，正式场合可酌情使用"先生/女士"等称谓。若对职场称谓规范存疑，建议直接咨询直属领导或已接触过该同事的团队成员。

向有博士学位的人介绍自己

在向高学历的人介绍自己时，通常应对他们的学术成就予以适当的认可，但不要过分夸大。

"您好，[姓]博士，我是[你的部门/职位]的[你的名字]。我很熟悉您对[专题，如果你知道]的研究。很高兴见到您本人。"

并非所有博士都习惯使用头衔，建议提前向同事了解其偏好。若对方是纯学术或研究型人员，通常倾向于保留博士称谓；对于拥有博士学位但身处传统企业环境的同事(如工程师、数据科学家)，直呼其名可能更合适。

恰当地询问别人的代称

在职场交流环境不断变化的当下，询问代称正成为新兴的社交礼仪。这一行为体现着对他人的尊重与包容。

"您好，我是[你的名字]，我的代称是[你的代称]。能告诉我您的代称吗？这样我就能正确地称呼您了。"

主动先表明自己的代称可营造轻松氛围，使对方更愿意分享。这种现象在沿海科技或传媒公司日趋普遍，但在德州石油天然气等传统企业，主动询问代称的行为可能被视为对社会公平议题的强烈关注。须注意这类自我介绍不仅是语言交流，也是塑造职业形象的重要契机。

问候时的身体接触

在商务场合，握手时应展现自信与礼貌的平衡。具体要领包括：保持稳定目光接触与真诚微笑，手掌完全展开，拇指朝上，确保全掌接触。握力须坚定而不强势，传递尊重而非较量之意。以肘部带动作轻摇两至三次，全程控制在2~3秒内。理想握手应融合眼神交流、触感技巧和恰当的时机。

对于久未谋面的同事，握手仍是最得体的问候方式。而对于日常频繁接触的同事(如工位相邻者)，则可适度采用非正式问候方式，配合微笑与挥手即可。

在非正式社交场合(如团队聚餐、公司垒球联赛等)，问候方式可适度轻松化。此时仍须保持礼貌，但可根据具体情境与双方关系选择非正式问候方式，如拥抱或击掌。

涉及国际商务时，须特别注意不同地区的文化差异。例如地中海地区的意大利、西班牙人习惯近距离站立并行贴面礼，而北欧的芬兰、挪威人更注重个人空间，过度亲近可能引起不适。在日本，鞠躬是常见礼仪，热情拥抱则可能令人诧异；阿根廷人惯用单侧贴面礼，而美国人更习惯握手或挥手致意。

若对特定场合的礼仪存疑，建议优先采用保守的正式问候方式，待熟悉对方习惯后再逐步调整。跨文化交流中，观察对方反应并适时修正行为是最稳妥的应对策略。

注意肢体语言

在面对面交流中，肢体语言是沟通的重要组成部分。保持挺拔开放的姿态、自然的目光接触以及得体的面部表情，能有效传递信息。真诚的微笑与眼神交流可营造舒适的对话氛围，使对方感受到尊重。同时须留意对方的肢体信号：若对方出现目光游离、频繁小动作或手臂交叠等防御性姿态，表明可能需要调整沟通方式。

辨识他人的不安情绪犹如解读无声语言。常见迹象包括持续回避眼神接触、手指反复拨弄物品、身体重心频繁转换等细微动作。

防御性肢体表现(如握拳、驼背或突然的肢体收缩)往往反映心理紧张状态。瞬间的皱眉或眼神紧缩等微表情，常揭示潜在的不适或异议。

在人际交往中，某些无意识的动作可能破坏沟通效果。例如，频繁查看手表或手机会传递不耐烦的信号，未经允许侵入他人私人空间易显攻击性。避免模仿对方的防御姿态(如跟随对方交叉手臂)。过度的手势易分散注意力，直接指向别人可能引发对立感。核心目标应是建立舒适协作氛围，而非无意间加剧紧张。

肢体语言的精准运用本质是无声对话的艺术。通过持续优化自身姿态的传达与接收能力，能实现语言与非语言表达的协同增效。这种人际互动的微妙协调，最终将导向更真诚和高效的双向沟通。

◁ 掌握闲聊方式

闲聊有助于建立人际关系，但如果做得不好，也会让人感觉不舒服或尴尬。为了使闲聊更有效，试着找到对方可能喜欢讨论的共同兴趣或话题。同时要避免聊有争议或敏感的话题，比如政治或宗教。此外，确保积极倾听他人的意见，并深思熟虑地回应他们的评论。

另一方面，尴尬的闲聊往往源于准备不足或敷衍应付。应避免泛泛而谈地开启话题，例如"今天天气怎么样"或"周末过得如何"，转而尝试提出更具创意和有针对性的问题。以下是一些适用的问题示例：

"你上周末的漂流之旅怎么样？"

"前几天晚上你看了那个(特定事件、表演或体育比赛)吗？"

"你去过楼下/附近那家新开的(咖啡馆、餐馆)吗？"

"你的(爱好或喜欢的活动，比如"园艺"或"吉他课")怎么样了？"

"最近看过什么好电影或好节目吗？"

"我一直在找一本新书来钻研。有什么建议吗？"

"我好久没和你们聊天了。我不在的时候发生了什么有趣的事吗？"

"我听说你在和(另一个同事的名字)一起做(特定任务)。情况如何？"

"你在为(即将到来的假期或活动)做准备吗？"

"你的家人都好吗？我记得你提到过(特定的事件或家庭的近况)。"

核心在于保持真诚态度，采用开放式提问方式，并对其回应展现真切关注。善于倾听与精准提问同等重要，对话目标应聚焦于建立情感联结并营造伙伴关系，通过敏锐捕捉对方反应并延展其观点，使交流自然推进。

总之，须始终尊重对方的时间投入与专注度，当感知到对方兴趣缺失时，应适时终止对话。

措辞谨慎

面对面交流时，语言选择直接影响信息接收效果。建议使用"我"句式而非"你"句式，聚焦具体问题本身，避免使用可能引发对立或攻击性的表达，同时不宜扩展讨论宽泛议题。

尊重个人空间

人际互动中须注重物理距离的把控。过近距离易引发对方不适感，过远距离则显疏离。维持适度距离并全程保持空间意识，有助于营造舒适、高效的对话环境。

使用积极倾听技巧

面对面交流时须积极倾听，专注于理解对方观点并予以反馈。可采用总结要点、复述关键信息、追问细节等方式展现参与度。

避免分心

交流过程中须消除手机、电脑等电子设备的干扰，保持全程专注。分心举动易被解读为对谈话缺乏重视，可能破坏沟通效果。

保持专业的语气

即使讨论趋于激烈，仍须保持语气客观、理性。避免使用攻击性措辞，着力寻求问题解决方案。

必要时跟进

面对面沟通能高效解决问题，但后续跟进同样重要。可通过发送总结邮件或安排补充会议确认问题解决进度。

总之，面对面沟通是职场沟通的一个重要方面，须关注肢体语言、审慎措辞、尊重个人空间、运用积极倾听技巧、避免分心、保持专业语气并及时跟进。综合运用这些策略，可确保沟通高效且专业。

电子邮件礼仪

通过电子邮件沟通时须把握分寸：既要确保信息清晰简明，又要避免语气唐突或不专业。如何平衡两者？以下技巧可助你提升邮件沟通效果。

基调

首要原则是语言简洁明了，避免因使用复杂术语或行业黑话而造成理解障碍。建议采用通俗易懂的直白表达，重点在于清晰传递信息或诉求，而非刻意展示词汇量。须特别注意语气的把控，避免全大写、过多感叹号或讽刺性措辞，这些易引发歧义并显得不够专业。

长度

邮件篇幅应与沟通目标相匹配。例如，若要确认会议时间等简单事宜，只需要简短说明，而涉及操作指南或详细说明时则需要完整阐述。典型场景如：确认函三五行即可，项目方案说明则须分段详述。

会议确认——电子邮件示例

主题：确认7月25日战略会议

[收件人姓名]您好：

谨此确认原定于明日(7月25日)上午10点在B会议室召开的会议。本次会议将重点讨论本季度战略规划，并明确下一阶段优先工作方向。

若您有其他议题需要补充至议程，请随时告知。

期待与您深入交流！

祝好！

[你的姓名]

项目提案——电子邮件示例

主题：审核请求——《2023年度产品拓展提案》

尊敬的[收件人姓名/团队]：

《2023年度产品拓展提案》初稿已完成，现提交您审核。您的专业意见对方案优化至关重要，恳请审阅后提供反馈建议。

[提案链接或附件]

提案核心内容包含：

一、目标区域市场分析。

二、产品本地化适配方案。

三、预算配置与投资回报预测。

为推进后续工作，请于8月2日前提供反馈意见。若有调整需求或需要先行沟通要点，请及时告知。

感谢您拨冗审阅！

此致

敬礼

[你的姓名]

总之，撰写邮件时应保持简洁，确保核心信息完整即可。这既便于收件人快速理解，也体现对他人时间价值的尊重。若非必要，尽量避免发送冗余邮件，重点内容宜直入主题。须深入探讨复杂事项时，建议改用电话或会议沟通。

主题

邮件主题须体现核心诉求，建议采用"季度预算审批"或"项目进度确认"等明确的关键词，此类表述既能精准概括邮件内容，又便于收件人分类处理。

抄送和密送

撰写邮件时须谨慎选择收件人。若需要对方回复，应将其填入"收件人"一栏中。抄送功能适用于需要知悉事项但不必采取行动的场合，如转发会议纪要或带附件的文档时同步相关人员。

密送功能应严格控制使用，仅在保护收件人隐私(如群发新闻稿时避免回复串扰)或处理敏感信息时启用，过度使用易引发信任问题。

密送功能可记录邮件接收范围而不向收件人显示被密送者的信息，适用于需要明确责任归属的场景。例如，向员工发送工作指令时密送其直属上司，可留存信息传达凭证。须注意，若密送对象将邮件转发至主送人，可能引发信任危机。

密送收件人不会自动接收后续往来邮件。为同事引荐对接时，首封回复邮件可密送引荐人以示知会，避免其卷入后续会议安排等琐碎沟通中。如果需要相关人员持续跟进邮件讨论，应直接使用抄送功能以保持透明度。

问候语和结束语

称谓的选择须根据邮件场景与收件人进行调整。面向领导时或正式场合下，建议采用"尊敬的[姓+职务]"作为开头以保持专业度。与关系密切的同事沟通时，可使用"您好"等简洁问候语。邮件的结尾宜选用"此致敬礼"或"祝好"等通用表述，既体现礼节又适合多数工作场景。与熟识同事进行事务性沟通时，可省略问候，直接陈述要点(例如："客户会议已确认于下午4点召开")以提高沟通效率。

电子邮件签名

专业的邮件签名能有效体现职业素养并为收件人提供重要联系方式。规范签名应包含姓名、职位名称、所属机构、电话号码、电子邮箱及常用社交媒体或官网链接。须注意避免堆砌过多设计元素，过于花哨的签名既分散注意力，也可能让收件人感到不适。建议采用简洁排版与清晰布局，确保核心信息一目了然。

紧急

当发送一封需要及时回复的邮件时，须在邮件的主题行或正文中明确这一点。例如，在主题行使用"紧急"或"需要采取行动"等关键词，可以提醒收件人优先处理邮件。此外，考虑使用粗体或彩色文本来让人们注意重要信息或截止日期。

校对

发送电子邮件时要记住的最重要的事情之一是仔细校对。拼写错误和语法错误会破坏信息的完整性，让你看起来不专业。在发送之前花点时间检查邮件，如果你对自己的写作技巧没有十足的信心，可以考虑使用拼写检查或语法检查工具。

邮件撤回

邮件撤回功能看似能补救误发邮件的尴尬时刻——无论是匆忙发送的信息还是存在明显错别字的信件，但撤回操作的使用规范存在诸多需要注意的细节。首先须知撤回未必总能成功，收件人使用的邮箱系统与设置可能导致其仍能看见原邮件或收到撤回通知。若撤回同公司内部邮件，成功率较高；但跨机构邮件的撤回基本无法删除已发送的内容。

撤回邮件后应立即补发修正版邮件，并简要说明失误原因。主动说明失误比试图掩盖更显职业素养。此外应谨慎使用撤回功能，频繁撤回会让人质疑工作细致度。在第一印象至关重要的职场环境中，发送前仔细核对内容、检查收件人列表才是根本解决之道。

若误发的邮件涉及敏感或不当内容，须立即承认错误并真诚致歉，说明原因但避免找借口。对于重大失误，可考虑当面沟通解释，必要时寻求人力资源部门或上级指导。此类事件应通过建立双重确认机制、加强内容审核来预防，展现及时纠错与专业担当才是处理职场危机的正确方式。

及时性

在回复电子邮件时，关键要做到迅速和礼貌。理想情况下，在收到邮件后的24~48小时内进行回复。如果需要更多时间来撰写周全的回复，可先发送一条简短的消息，确认已收到邮件，并让发件人知道你将尽快跟进。对于公司内部的多数消息，尽量在当日下班前予以回复。

跟进

　　若在合理时限内未获回复，可发送一封温和的跟进邮件。建议附上原邮件往来记录以帮助对方回忆具体事项。对于常规事务，可在2~3天后跟进，但涉及客户或潜在商机时，建议至少等待一周再发送提醒。以下为典型跟进邮件示例(直接回复原邮件内容即可)。

主题：凤凰项目的最新进展？

　　[收件人姓名]：

　　您好！现就凤凰项目的进展情况特此跟进。请问是否有最新动态或需要我方配合之处？

　　此致

敬礼

[你的姓名]

　　这封邮件简明扼要、直入主题，在提供协助的同时避免催促感。若已多次发送跟进邮件，仍未获回应，建议优先直接致电联系对方。如仍无回应，可考虑与其上级主管沟通。

冗长邮件链管理

　　包含多位收件人的邮件链容易变得冗长且难以管理，导致信息跟进困难。建议在编写邮件时保持内容的清晰、简洁，避免在同一邮件链中混入多个不同主题。若现有邮件链过长，可将其拆分为若干独立邮件来处理。可采用项目符号或编号列表优化内容呈现方式，提升信息可读性。对于需要多方反馈的讨论内容，建议转移至共享文档或提案文件，通过批注功能实现有序修订。涉及紧急事务(如会议前筹备)时，推荐使用Slack频道或群组短信等即时通信工具。

掌握邮件沟通礼仪需要持续练习与有耐心，遵循上述准则并注意措辞语气，可有效提升邮件沟通效率，促进与同事及客户的协作关系。

电话礼仪

在当代职场中，电话沟通仍是核心沟通方式之一。尽管智能手机与数字工具已实现快速通话和多方电话会议的便捷操作，仍须谨记电话礼仪在职业交流中的重要性。下面列出了在职场中接/打电话的注意事项。

打电话前做好准备： 拨打电话前应提前备齐相关资料文件、讨论要点及待询问题。充分准备既能展现专业素养，亦可提升多方沟通效率。

问候对方： 接通后应主动表明身份，采用"您好，我是[公司名称]的[姓名]"标准句式开启对话。

说话要清晰，音量要适中： 通话时应保持口齿清晰且音量适中，确保对方能清楚接收信息。若身处嘈杂环境，须主动调整语调与音量以增强可辨识度。注意避免语速过快，同时切忌打断对方发言。

避免在公共场所开免提： 在公共区域使用免提功能能易干扰他人并存在涉密信息泄露风险。确实需要开启扬声器时，建议选择安静私密空间接听。

专注地倾听： 通话过程中须保持专注聆听，待对方完整陈述后再回应，切忌中途打断。若需要记录通话内容，应事先征得对方许可。

避免在通话时同时处理多个任务： 接/打电话时应避免处理邮件或打字等易分心的事务，确保注意力全程集中于对话本身。确实需要执行辅助操作时，须明确告知对方正在进行记录等行为。

适当使用"保持通话和静音"功能： 使用"保持通话和静音"功能时须注意操作规范。若需要切换至保持通话状态，应提前告知对方并尽量缩短等待时间；使用静音功能后，须在发言前及时解除静音状态。

通话结束礼仪： 结束通话时应向对方致谢，确认讨论中达成的后续事项。若需要发送跟进邮件或安排后续会议，应确保及时完成相关工作。

电话会议规范： 电话会议是现代职场常用的沟通方式，须提前测试音视频设备，避免技术故障。会议开始时应介绍所有参会者，并确保每位参会者均有发言机会。讨论须紧扣议题核心，并严格按预定时间结束会议。

尽快接听电话： 接听电话须及时(理想状态为响铃三次内)，若未能接听，应及时回拨。接听时使用专业问候语，若身处嘈杂环境，建议转至安静区域通话。须清晰告知本人身份，并主动询问对方需求。

自我介绍： 接听电话时应主动告知本人姓名及所属公司信息，若为代接电话，须说明受委托人身份。

做笔记： 对于涉及具体事务的通话，须做好记录以确保信息完整，同时便于后续跟进处理，记录前应向对方说明记录的必要性。

正确转接电话： 需要转接来电时，应向接听方简要说明来电者身份及通话事由。

捎口信: 若来电者所寻对象无法接听，应及时记录留言内容并确保信息完整转达。

语音信箱

掌握语音信箱使用规范也是沟通技能的重要组成部分。

留言

留言须注重简明性。留言时应清晰说明本人全名及所属机构信息，简要阐述致电目的并保持语速适中，涉及日期、号码等关键信息时应确保发音清晰。若需要对方回电，应缓慢报读并重复确认电话号码，同时建议提供备用联系方式(如电子邮箱)。留言内容应简洁、高效，建议将留言时长控制在30秒以内。结束前应致谢以体现专业性，例如"感谢您的接听"。留言核心在于信息传达的准确性与对接收者时间价值的尊重。

语音信箱设置规范

录制专业语音问候时应明确说明本人姓名及所属公司信息，内容须简洁扼要并包含有效联系方式。若长期外出办公，应及时更新留言提示。

语音留言处理准则

若收到语音留言，应在完整播放后再进行回拨。提取留言中的关键信息并做好记录。原则上应在收到留言后24小时内予以回复，确保沟通时效性。

避免电话反复沟通

若无法进行长时间通话或收到重要的语音留言，可通过邮件或短信简要确认信息接收。如果需要长时间讨论，建议提前约定通话时间以便双方充分准备。

行业特定沟通规范

在某些行业，如娱乐、法律、房地产和销售，沟通方式可能与其他行业大相径庭，须根据行业惯例调整交流策略。

电话旁听规范

助理常通过旁听高管通话来协助处理沟通事务，主要职责包括记录会议要点及跟进待办事项，此举可有效规避沟通偏差并保障事务有序推进。此类工作模式在特定行业属于常规操作，但须注意不同行业的差异性：旁听通话对于娱乐行业经纪人、制片人及制片公司高管来说属于常见做法，而医疗环境中因涉及隐私及敏感信息，需要避免此类行为。若所属行业不常采用旁听机制，应在通话开始前明确告知对方助理在场。

滚动式通话

一些行业中特有的"滚动式通话"指在固定时间段内安排密集通话，通话者需要连续进行多个对话且无间歇切换。该模式常见于娱乐行业高管须短时间内对接多人的场景(如试播季确定演员人选期间)，亦应用于律师事务所中律师须快速联系多位客户或同事的情况。这类通话通常时间较短，仅传递关键信息。

滚动式通话需要极强的组织能力与专注力，建议提前备齐相关资料并制订清晰计划。若需要协助高管在15分钟内完成10人通话，应优先确认通话顺序并按时间严格推进。

在高压场景下，助理可提前挂断当前通话并尝试联系下一位对象，此时须告知对方助理"我方负责人通话即将结束，请问贵方负责人是否可接入"，待对方就绪后立即转接。通常遵循"职级较高者不必等待"的优先原则。

通话记录

在通话量高的行业中，通常使用通话记录来跟踪往来电话信息。通话记录应包含电话的日期和时间、联系人姓名、通话事由以及待处理事项。可以使用各种工具创建通话记录，包括电子表格、通话跟踪软件或专用电话系统。

回电优先级

确定回电优先级的一个方法是评估每个电话的紧急程度和重要性。紧急来电即时处理，而次要事项可以延后跟进。按问题类型对通话内容进行分类，有助于识别反复出现的问题并优化处理流程，提升业务响应效率。

响应时间

除通话优先级管理外，合理设定电话响应时间预期尤为重要。不同行业与岗位存在客观的处理限制，须明确告知客户常规响应周期，并提供紧急事务替代沟通渠道(如专属联络人)。

团队协作分工

应对高频通话的另一策略是建立团队协作机制，例如培训助理团队执行电话预筛、信息记录等事务，或授权支持人员使用通话记录系统统一管理往来电话。

总之，娱乐及法律行业的沟通规则具有特殊性，助理须通过标准化流程保障沟通效率。滚动式通话虽具挑战性，但在时效性强的场景中不可或缺。与助理沟通时须措辞清晰、态度礼貌，因其常为高管日程的核心对接人。

短信礼仪

随着智能手机的普及，短信已成为核心沟通方式之一，其便捷性要求用户在职场环境中遵循特定礼仪。尽管短信传递效率高，但作为一种沟通方式，发短信常被视为最后的选择，以下注意事项须谨记。

保持专业

短信虽属非正式沟通方式，但内容应尽量避免俚语、表情符号或缩写，确保用语明确且符合职场规范。信息语气应始终体现对接收人的尊重，并符合其身份与场合。

发送前仔细检查

虽然短信发出后仍然可以撤回并重新编辑，但在发送之前花点时间校对信息有助于避免令人尴尬的打字错误或发送错误。

避免发送敏感信息

短信并不总是安全的，很容易被截获。最好避免通过文本发送任何敏感信息，如密码或商业机密。

谨慎使用群发短信

群发短信是同时与多人交流的一种有效方式，但它们也可能令人厌烦且具有破坏性。只在必要的时候使用群发短信，并考虑到每个人的时间，保持信息的简洁性和相关性。

不要期待即时回复

短信通常被视为一种不太正式的交流方式，所以要记住，并不是每个人都会经常查看手机。不要期待即时回复，避免发紧急短信。

知道什么时候该打电话

有时候，想要交谈时应立即打电话。如果你发现自己和对方来回发短信的时间很长，或者谈话变得越来越复杂，也许是时候拿起电话了。

注意语气

短信可能会被误解，因为它们缺乏面对面交谈的细节。注意语气，必要时可使用表情符号或其他指示符号来传达你的意思。

避免在会议期间发短信

在会议或其他专业场合发短信是不礼貌的。应把手机调成静音模式，在会议结束前不要发短信。

设定时间界限

在职场中，给短信设定时间界限是很重要的。让同事知道你什么时候有空，什么时候没空回复短信，避免在正常工作时间之外发短信，除非是紧急情况。

尊重个人界限

在发短信的时候，务必尊重同事的个人时间界限。避免在非工作时间或周末发短信，并且在发送信息时要注意对方的日程安排。

短信是职业交流中的实用工具，但须遵循正确礼仪以确保信息传递清晰、专业且得体。在职场中运用短信时，应始终把握上述建议，确保沟通方式恰当、有效。

即时通信礼仪

即时通信软件是现代职场中必不可少的通信工具之一。虽然它们方便且有效，但如果使用不当，也会导致沟通不畅和误解。以下是在职场中使用即时通信软件时需要遵循的一些准则和规范。

注意语气和措辞

纯文字交流易显生硬、突兀，所以须注意语气和措辞。建议以友好的问候语开启对话，避免全大写或过多的感叹号，这类形式可能传递压迫感。

保持专业

与电子邮件同理，即时通信工具应严格限定于工作事务交流。避免使用网络俚语或随意表达，更不可将其作为议论同事或宣泄对公司不满的渠道。

合理管理在线状态

虽然即时通信工具支持随时联络，但须主动设置沟通边界。建议通过状态设置明确标注"会议中"或"暂离工位"等具体状态，不必在非工作时间或忙碌时段强制要求即时响应。

使用适当的消息群

许多即时通信软件允许你为不同的团队或项目创建消息群，因此须适当使用它们。不要在大群里发布只适用于特定团队或项目的消息。

避免过度使用表情符号和动图

虽然表情符号和GIF动图很有趣，可以为消息增添个性，但不要过度使用。适量使用，并确保它们适合当前情境。

使用话题分支管理对话

涉及多个议题的讨论时，建议启用消息话题分支功能，确保对话内容集中有序，便于追溯且能减少理解偏差。

不要忽视面对面的交流

即时通信工具虽便捷，但无法替代面对面的交流。处理复杂议题或敏感事务时，应直接安排当面沟通。

避免使用术语或缩写词

避免在群组对话中使用团队内部的专业术语或缩写词，相反，须用通用表述，确保所有成员均能准确理解信息。

注意群聊语气分寸

在群组沟通时须格外注意表达方式，避免使用可能引发误解的讽刺性语言或不合时宜的玩笑。建议采用中性且顾及他人感受的措辞，确保信息传达清晰、无歧义。

不要在工作时间以外发信息

除紧急情况外，应避免在下班后发送工作消息。尊重同事的私人时间安排，为其保留工作与生活平衡的空间。可利用通信工具内置的定时发送功能，将非紧急消息设置为次日上午自动发送。

注意通信内容留痕

企业版即时通信账户会完整记录所有对话内容，包括两人间的私密对话。每年都有员工因在"私密"频道发表对同事、领导或客户的负面评论而被解雇的案例。虽然管理者通常不会主动监控每一条消息，但若触发审计流程、关键词筛查或涉及司法传唤，所有历史记录均可被调取。即便是日常沟通，也不宜在背后议论他人，在即时通信平台上更应严守此原则。

适当分享内容

在即时通信平台分享文件或链接时，应严格遵循频道分类规则。例如，公司公告、项目文档或行业资讯都有专属频道。每次共享都必须附简要说明以确保信息可溯，严禁发布与工作无关或违反公司政策的内容。

即时通信消息在成员众多的活跃频道中容易被新信息覆盖，休假或短期离岗者可能难以追溯全部历史记录。建议使用置顶功能能保存关键通知和文件附件。若涉及项目核心文档，推荐通过邮件二次发送或存入专属共享文件夹以确保所有人能随时查阅。

合作

合作和反馈是职场中许多项目的关键组成部分，即时通信软件可以成为实现这些目的的有效工具。比如，在进行特定项目或任务时，专门开辟一个用于合作以及向团队成员提供清晰反馈的频道。然而，重要的是避免人身攻击或批评，因为这会营造出消极和低效的工作环境。

除了上述一般指导原则外，使用即时通信软件时还需要考虑一些其他的规范。例如，避免在消息中使用全大写字母或过多的标点符号，以免显得不专业或具有攻击性。最后，务必记住，即时通信软件并不总是每种沟通类型的最佳工具，对于复杂议题或敏感对话，建议通过邮件、会议等正式渠道进行沟通。

发送电子邮件还是即时消息

在职场沟通中，电子邮件与各类即时通信平台各有侧重，合理选择沟通工具是提升协作效率的关键。须根据信息性质进行判断：

需要长期存档的正式文件、复杂议题或涉及多部门协调的内容更适合通过邮件处理；紧急事务或需要快速确认的日常协调工作则适合使用即时通信工具。发送消息前应评估内容敏感性及接收方的工作状态，避免因工具误选而造成信息过载或理解偏差。遵循这些原则，既能保持专业形象，也能最大化团队协作效能。

适合使用电子邮件的场景

正式沟通

发送官方公告、与客户或高级管理人员沟通时，电子邮件更能体现专业性与权威性。

例1：在全公司范围内引入新的制度或程序。

例2：向客户发送详细的项目提案。

长篇内容

当需要条分缕析地传达复杂信息或需要附加多个文档时。

例1：部门月度运营报告，包括数据、图表和相关文件。

例2：详细的活动日程或研讨会日程。

永久记录

当需要存档，以便将来搜索和参考时。

例1：与供应商的合同协议或合作条款。

例2：年度绩效评估或反馈。

广泛且非紧急的公告

当需要向一个大型群体传达信息但不期待即时回应时。

例1：分享公司简报或活动照片。

例2：宣布假期关闭办公室。

适合使用即时通信平台的场景

实时协作

即时通信平台用于即时反馈或快速决策。

例1：为当天晚些时候的演讲集思广益。

例2：需要快速解决的技术支持问题，比如"其他人的电子邮件坏了吗？"

休闲或非正式互动

即时通信平台更容易营造出悠闲、松弛的氛围。

例1：与团队分享相关的行业文章。

例2：祝同事生日快乐。

简短且时效性强的询问

当需要快速得到答案，而不需要通过电子邮件进行正式性筛选时。

例1："有人能在10分钟内与一个客户通话吗？"

例2："谁有投影仪遥控器？"

团队建设和社交渠道

许多团队都将专门设立的频道用于与工作无关的聊天或分享个人阶段性的成果。

例1：分享新宠物的照片。

例2：讨论热门电视节目的最新剧集。

从本质上讲，要根据信息的性质、紧急程度、期望的语气和预期的回应在电子邮件和各种即时通信平台之间做出选择。正确选择合适的媒介可以提高表达的清晰度并改善团队动力。

管理联系人列表

人脉管理虽具挑战性，却是建立和维护职场关系的核心技能。这项技能将伴随你整个职业生涯，尤其在高度关联的行业领域，早期建立的专业人脉往往具备跨机构的长期价值。掌握以下实用方法有助于高效管理联系人列表。

保持井井有条

保持联系人信息条理化是高效维护联系人列表的基础。采用统一的信息模板，确保每项记录包含姓名、职位、公司、电话、邮箱及办公地址等核心信息。推荐使用客户关系管理系统集中存储联系人信息，以便快速检索与分类管理。

添加个性化信息

记录联系人的个性化信息有助于深化人际关系。例如，系统记录其家庭成员、生日、纪念日等重要日期，适时发送祝福卡片或发信息以传递关怀。同时关注对方的兴趣爱好，将其转化为后续沟通的破冰话题。这类方法不仅适用于销售或商务拓展岗位，与供应商及合作伙伴等关键人员建立私交时也能显著提升合作黏性。

定期更新

联系人列表的定期更新是很重要的。当联系方式发生变化时，一定要及时更新，并定期与联系人沟通交流。使用提醒系统来确保定期跟进联系人，并定期查看联系人列表，以有效维护职场关系。

使用标签和注释

运用标签分类与注释功能，可提升信息管理精度，例如按行业属性、区域分布或决策权重为联系人添加标签，或在备注栏记录合作项目关键节点。此类结构化信息有助于设定个性化沟通策略，巩固合作关系网络。

保持边界意识

维护职业人脉时须兼顾联系频率与边界意识。添加联系人前应先征得对方同意，并遵循其偏好的沟通方式与时间间隔。避免在非工作时间或涉及私人事务时贸然联系，确保信息的传递与职业场景相关。

在社交媒体上联系

社交媒体是建立和维护职业关系的好工具。考虑在领英、微博或其他相关平台上建立人脉，并利用这些渠道保持联系，分享相关信息。保持社交媒体资料的专业性和时效性，并避免发布与职业形象不符的内容。

保持专业

联系人列表应作为职业工具使用，建议仅保存与职业网络相关的联系人，避免混入私人关系。沟通时须注意措辞的专业性，确保内容与语气符合职业场景要求。

通过遵循上述方法，可有效构建稳健的职业人脉。虽然关系的维护需要持续投入时间和精力，但由此带来的职业发展机遇与成长空间往往具有长期价值。

第 11 章

二

报告与演示

作为职场新人，你可能急于展示你的创意和PPT设计能力，但请记住，有效的报告展示并非仅仅在于华丽的动画和令人眼花缭乱的字体。本章将探讨如何创作既能提供信息又引人入胜、简洁明了且赏心悦目的书面材料。

撰写报告的技巧

撰写书面报告时，须采用清晰且符合逻辑的框架，引导读者顺畅地理解内容。合理的结构不仅能有效传递信息，也能展现专业素养和认真态度。以下是撰写书面报告时需要考虑的一些关键因素。

目的

首先要明确报告的用途——是更新项目进展、呈现研究成果，还是提出决策建议？明确目标有助于确定内容框架，并让读者从一开始就把握报告方向。

引言

报告开头应撰写引言部分，简要说明撰写目的、涉及范围及背景信息，确保读者能快速理解报告的价值与预期获取的内容。

主体

正文部分须呈现核心研究结论、分析观点或决策建议，通过层级标题划分内容模块以提升可读性。可根据报告类型设置以下模块。

方法论： 清晰阐述数据采集方式与分析工具的应用逻辑。

成果或发现： 通过图表等可视化工具直观展示调研结果。

深度解析： 梳理数据规律与行业趋势，阐释现象成因及其潜在影响。

执行建议： 基于调研结果提出具备操作性的策略方案或行动计划。

在撰写报告时，务必牢记以下要点。

清晰为王

撰写报告前须明确目标读者的背景与需求，采用简洁易懂的表达方式，避免使用专业术语或复杂行话。理想状态下，读者应能直接理解内容而不必额外解读。同时须注意，商务文档不应效仿学术期刊的艰涩文风，而应根据读者知识储备调整表述深度，重点突出其关注的核心洞察或决策依据。

若读者已接触过同类报告(例如房地产投资调研报告)，他们通常熟悉行业通用的分析框架与文档结构。此时应聚焦于项目核心差异点，以核心摘要突出资产独特性。

相反，若需要评估新兴领域初创企业(如缺乏对标案例的风险投资项目)，则须重点阐释研究路径与市场分析方法，通过逻辑链与关键分析节点引导读者理解论证过程。

结构和格式很重要

合理运用层级标题与项目符号引导读者阅读，通过视觉化排版提升可读性与信息呈现的逻辑性。

校对，校对，校对： 完成初稿后须反复进行校对和润色，重点排查拼写错误、语法漏洞及表述矛盾，精修后的报告方能体现专业性与可信度。

有效汇报的技巧

在现代职场中，演示文稿正逐步取代传统文档，成为主流演示工具，其价值不仅在于将报告切割成幻灯片，也在于通过视觉化叙事提升信息吸收效率。相较于传统文档，演示文稿能更直观地呈现复杂数据或推动决策共识，同时支持团队即时互动与观点碰撞，创造高效协同场景。

为确保演示效果最大化，应遵循以下设计原则。

一张幻灯片只放一个想法

不要在单张幻灯片上堆砌信息。每张幻灯片聚焦在一个要点上，以保持清晰和影响力。

有选择性地使用视觉元素

精选图片、图表和图形来强化逻辑链，剔除冗余信息。

采用一致的格式

整个演示文稿应采用统一的外观和格调，以展示专业形象。

少即是多

通过适当的页面留白与极简排版提升信息穿透力。

讲故事

通过构建具有吸引力的叙事框架来增强演示说服力，引导听众逐步认同核心主张。所有演示的核心目标在于推动受众接纳观点，须确保逻辑链条完整且证据支撑充分——剔除冗余信息后，是否保留足够数据以清晰佐证论点？是否通过预演典型质疑场景完善论证盲区？建议在内容编排中融入高频问题预判及反驳应对策略，使演示兼具思辨深度与临场说服力。

慎用复杂的动画特效

一些职场新人倾向于使用炫目的动画效果给观众留下深刻印象，但在大部分场景下，须抵制这种冲动，避免因过度追求动态效果而使核心内容被视觉干扰所弱化。建议采用风格统一的简洁切换效果，确保演示逻辑连贯性，同时须注意文稿静态呈现时的可读性(例如打印稿效果)。

利用模板

优先调用企业标准化模板资源库，该做法既能提升团队文档统一性，又可节省排版时间成本。若缺乏内部模板，建议从Canva、SlideModel等设计平台获取专业版式参考，通过模块化设计将精力聚焦于内容深度挖掘，而非基础格式调整。

获取反馈

建议邀请同事审阅演示文稿，优先选择未参与项目的人员，他们更能提供客观视角。重点询问对方是否认同结论或建议，若存在分歧，则须确认信息缺口所在，通过补充关键数据或逻辑链增强说服力。

熟能生巧

演示前须进行系统性演练，可在同事、亲友或摄像头前模拟实际场景，逐步提升表达流畅度与临场应变能力。要培养专业演示技能，须长期坚持针对性训练，例如定期录制视频，并通过视频回放分析肢体语言与语音节奏，持续完善呈现效果。

核心摘要

核心摘要是商业文件的关键组成部分，须以简明概览形式呈现核心价值，从而有效激发读者深入阅读的兴趣。书面报告的核心摘要应控制在一页以内，演示文稿则不宜超过两页幻灯片。其内容应聚焦于核心结论与价值主张，删除冗余细节，同时确保逻辑链条完整且重点突出。

核心摘要应该包含哪些内容

概述：首先概述文档核心主题，例如，商业计划书须说明企业定位，项目提案须阐明核心目标。

目标或目的：明确阐述文档核心诉求，如融资需求、方案推动或产品推介等具体目的。

关键发现或要点：提炼关键结论或核心数据，确保读者能快速把握核心价值。

方法论(如果相关)：若涉及研究分析，须简要说明方法论以支撑结论的可信度。

成果或益处：突出成果的实际效益，例如量化投资回报率或市场影响力，阐明解决方案的独特优势。

建议或行动号召：明确后续行动建议，例如资金审批流程或合作推进步骤，形成完整决策引导链条。

财务概况(如果相关)：商业或投资提案须包含简明财务概览，涵盖潜在投资回报率、增长预期及其他核心数据指标。

核心摘要不应该包含哪些内容

专业术语：专业术语应尽量精简，即使必须使用，也应确保表述清晰，使非专业人士能够理解核心信息。

过多的细节：避免堆砌冗余细节，具体技术参数和流程说明应保留在正文部分。

缩略语：所有缩略语首次出现时须完整释义，不可假设读者熟悉行业特定缩写。

复杂图表：过于复杂的图表不宜直接嵌入摘要中，建议仅保留关键数据趋势图且须配合文字解读。

冗长的背景资料：背景介绍应简明扼要，聚焦于当前决策所需的核心背景信息，避免冗长的历史回顾。

偏颇的或未经证实的主张：所有结论须基于正文中的客观数据，禁止出现主观臆断或未经论证的结论。

无关紧要的信息：须确保信息筛选的精准性，任何与文档核心目标无直接关联的内容均应排除在摘要之外。

核心摘要的主要目标是快速抓住读者注意力并高效传递关键信息，其作用如同电影预告片——通过提炼最具吸引力的核心亮点激发阅读兴趣，同时保持适当留白以引导读者深入查阅正文。

下面是一个投资备忘录的核心摘要示例。

核心摘要：GreenTech Solar Solutions投资机会

概述：

GreenTech Solar Solutions(GSS)是一家新兴的初创公司，专门从事尖端、高效的太阳能电池板技术的研发。GSS拥有专利设计，与市场领先者相比，其能源转化率要高20%，有望彻底改变可再生能源领域。

市场潜力：

到2026年，全球太阳能市场预计将达到2233亿美元，从2019年到2026年的复合年增长率为20.5%。随着全球对可持续能源的日益重视和对太阳能装置的税收优惠，GSS的战略目标是占据重要的市场份额。

竞争优势：

GSS的专有技术，加上精益生产模式，使生产成本比行业平均水平低15%。这既提供了价格优势，也提供了更高的利润率。此外，GSS与领先的科技公司的合作促成太阳能与智能家居系统的集成，这进一步提高了产品的吸引力。

投资建议：

GSS正在寻求1000万美元的投资，以扩大生产规模，强化其营销策略，并开拓欧洲和亚洲市场。预计第三年的收入为5000万美元，净利润率为35%，早期投资有望获得丰厚的回报。详细的财务模型、风险评估和市场分析将在本文档的正文部分进行阐释。

GSS为有远见的投资者提供了一个极具吸引力的机会。通过将创新技术与巨大且不断增长的市场相结合，GSS不仅是对太阳能的押注，也是对可持续、更环保未来的押注。

注意： 以上所提供的细节是虚构的，是为说明目的而精心制作的。

附录应该包含什么

附录应包含对主要内容加以支持的补充信息，但这些信息可能过于详细或冗长，不适合包含在报告正文中。幻灯片是用来传达关键点的，应避免无关信息。然而，附录可以包含有助于产生洞见和形成结论的原始数据。

附录材料一般包括原始数据、技术规范或详细的方法解释。一个好的经验法则是，附录应包含潜在听众可能会问的问题。这是保留常见问答信息或预期反驳答案的好地方。相比于查看带有额外信息的后续邮件，直接查看附录要容易得多。

展示未完成的工作

分享工作初稿并征求同事和领导的反馈可以帮助你发现疏漏，优化核心观点，从而提高整体工作质量。与同事和领导分享你未完成的文件就像从多个角度雕刻雕塑一样——能够确保最终作品更加精致而全面。当我们不和他人讨论时，我们的视角无意中会被限制，以至于察觉不到应改进的领域或潜在的陷阱。通过尽早频繁地征求反馈，可有效汇集集体智慧，借助自身未具备的多样化观点和专业知识来完善工作成果。

此外，这种协作模式能有效提升文档优化效率。同事可从专业角度指出内容疏漏、提出深化建议或厘清表述模糊之处，管理层则凭借其对组织目标的全局视角确保内容与战略的一致性并提供方向指引。通过共享初稿，团队成员能建立对成果的共同责任感，使最终文档融合多方智慧与专业意见，形成更严谨、完整且契合核心目标的优质成果。

分享未完成的文档时须特别注意：征询意见时应充分体现对协作者时间的尊重。可提交完整初稿或框架性提纲，但须避免展示未完成段落或逻辑不连贯的半成品。格式排版允许存在临时性瑕疵，但核心观点必须表述清晰且完整，以便协作者基于明确内容提供实质性反馈。

评论是新的合作方式

可以利用Microsoft Word或谷歌文档中的注释功能来注释草稿、提出修改建议或提出问题。此类工具促进了实时协作并简化了编辑过程。记住，在提供反馈时要保持尊重和建设性，并乐于接受他人的反馈。要使用此功能，只需要突出显示单词或短语并右键单击以留下"新评论"。

关于报告和演讲的课程和资源

提升演讲技巧的课程和资源可通过在线搜索轻松获取。Coursera、LinkedIn Learning和Udemy等平台提供关于演示设计、公开演讲及视觉传达的课程，而且网络上有大量关于演示技巧与设计要点的文章、博客和视频教程。此外，同事和导师的建议同样能够帮助我们解决问题、提升自我。

若对公开演讲感到紧张(这是普遍现象)，可选择参加国际演讲会(Toastmasters International)的分支活动。该组织通过结构化课程帮助学员提升带演示文稿(或无辅助)演讲的能力，它在全球多数城市及部分企业内部均设有分支，参与成本较低。

由于沟通和说服技巧是企业发展中最关键的技能之一，因此在职业生涯早期投入大量时间来培养这些技能是非常值得的。无论是撰写书面报告还是发表引人注目的演讲，有效的沟通都是职场成功的关键。

遵循本章提供的建议和指南，你将轻松掌握汇报与演示技巧。记住，简单、清晰和专业是让你的表达与听众产生共鸣的关键。所以，一张张地演示精心设计的幻灯片，来一场精彩的汇报吧。

第 12 章
二

办公工具

记笔记

　　记笔记就像捕捉一只野生蝴蝶，只不过蝴蝶是一种思想，而你使用的不是网，而是笔或键盘。或者，有时候，你需要动动脑子。每个人都有过这样的经历：试图记住一个重要的细节，然后意识到它就像炎热夏日里的一滴水一样消失了。所以，必须认真记笔记，确保不会再丢失任何有价值的想法。

笔记载体

　　当前存在一个激烈的争论：到底用纸笔还是用电脑来记笔记。这就像人们纠结可口可乐与百事可乐，iPhone与Android，或者猫与狗一样。事实上，没有正确或错误的答案——这完全取决于个人偏好。纸质笔记本适合钟爱书写触感体验的人群，这种实体媒介能让人暂时脱离电子设备，专注于当下任务。在大型会议中做笔记时，使用纸质笔记本不会让人误以为你在浏览网页或使用即时通信软件聊天。

　　另一方面，电子设备笔记则适合打字速度更快的人群，其附带检索功能和结构化管理的优势。作为信息分发载体，纸质媒介已趋于淘汰。部分人仍偏爱纸质版演示文稿或长文档，因其便于在页边空白处随手批注。但将此类笔记存入实体文件夹或文件柜后，实际管理工作几乎无法实现——尤其在多数文档已实现数字化存储的背景下。纸质资料携带不便，当居家办公或跨地点差旅时更显掣肘。此时最佳解决方案是将手写笔记扫描存档，与其他数字文件整合，以便后续调阅。

　　那么，哪些是最有效的记笔记方法呢？康奈尔笔记法、大纲笔记法和思维导图笔记法是三种流行的记笔记技巧，可以帮助你在讲座、会议或任何其他场景中有效地组织和记忆信息。每种方法都提供了一种独特的信息组织方法，因此你有必要了解它们的工作原理并根据其优缺点来确定最合适的方案。

康奈尔笔记法

这是一种结构化的记笔记方法，如图12.1所示，它把一页纸分成两部分：提示栏和笔记栏。在演讲或会议中，笔记栏用于记下要点，而提示栏用于总结或解释所说的内容。该体系通过强制使用者主动处理信息并以个人语言重新归纳，强化其对知识的吸收与理解。康奈尔笔记法还优化了后续复习流程——提示栏的关键词索引功能可帮助快速定位笔记栏的对应内容，实现知识的高效回溯。

康奈尔笔记法——示例页	
提示栏： • 主要思想 • 关键词 • 关键问题 • 主题	**笔记栏：** • 用自己的语言 • 简洁的句子和要点 • 关键思想 • 重要的日期、数字的事实 • 图表和图片 • 公式 • 重复/强调的信息
总结： • 会议后完成 • 用自己的语言总结笔记 • 关键思想 • 整合所有概念	

图 12.1　康奈尔笔记法

大纲笔记法

这是一种分层记笔记的方法，主要使用一系列标题和副标题来组织信息(见图12.2)。这种方法最适用于结构清晰的演讲或讲座，因为它可以让你以一种合乎逻辑且易于识别的方式组织信息。使用主标题对信息进行分类，使用副标题分解具体细节。这种方法对于那些喜欢了解全局的人以及那些需要以清晰且有组织的方式呈现信息的人特别有用。

大纲笔记法——示例页

产品发布战略会议——日期：2022/01/15
- 主要内容
  在第四季度之前推出新产品"TechGadget 5.0"
  目标：在第一个月内销量达到10 000件

- 市场分析
- 人口统计
  年龄18~35岁
  精通技术的消费者
- 主要竞争对手
  品牌X和品牌Y

- 营销策略
  线上活动
    - 平台：
      领英网等各类社交媒体平台
      在游戏发行前1个月开始投放广告
    - 影响合作关系
    - 联系技术博主推广
  线下投放广告
    - 主要城市的广告牌：纽约、旧金山、洛杉矶
    - 与科技杂志合作

- 分销渠道
  网店：第一周免费
  零售商：
    - 正在与BestTech和GadgetStore进行谈判

- 反馈和关注
  包装设计未定稿：需要在下周之前做出决定
  预算分配：为社交媒体广告提供更多资金？

- 行动项目
  John：在15号之前与博主们确认合作关系
  Maria：下次会议介绍最终的包装设计
  团队：在周三之前针对其他发布活动集思广益

- 下一次会议
  日期：2022/01/23
  重点：敲定营销预算和活动物流

图 12.2　大纲笔记法

思维导图笔记法

这是一种使用图表来表示信息的图形记笔记方法(见图12.3)。思维导图的创建始于一个中心思想或概念，然后扩展到子主题、细节和支持信息。这种方法非常适合那些喜欢视觉学习方法的人，因为它有助于将信息与图像联系起来，并以直观的方式连接相关信息。思维导图对于产生新想法和探索概念之间的关系也很有用。

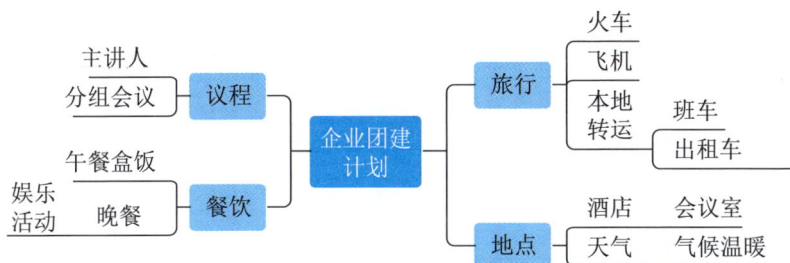

图 12.3　思维导图笔记法

各类笔记方法各有利弊，关键在于根据个人习惯和学习风格选择最合适的方式。康奈尔笔记法适合希望深度理解信息的人，通过分栏设计促进知识梳理；大纲笔记法以层级结构呈现内容，适合偏好逻辑框架的人群；思维导图笔记法则通过视觉关联激发创造力，适合图像化思维者。

具体方法也存在局限：康奈尔笔记法虽然能区分主次信息，但排版较为固定，若记录冗长，可能造成纸张浪费；大纲笔记法依赖精准的信息分层能力，逻辑混乱时易导致细节遗漏；思维导图在呈现复杂概念时可能因空间不足而变得杂乱，导致习惯线性记录的人群难以理解。

有效记笔记的核心在于选择适合自身的方法并保持练习。无论采用何种形式，都应定期回顾笔记内容，确保信息消化和吸收。通过持续优化记录方式，可以系统化整合知识，最终提升学习效能。

整理笔记

现在谈谈如何整理笔记。核心在于建立一套适合个人的体系——无论是按日期归档、按主题分类还是用颜色标记，关键在于能快速查找和回顾内容。有人习惯用荧光笔标出已完成事项，有人偏爱便利贴或彩色分隔页，更多人则倾向于使用Evernote、OneNote等数字工具。重要的是记住，通过拍照或扫描，纸质笔记可转为可搜索的电子文本(前提是字迹清晰)。毕竟三个月前的会议记录也可能突然派上用场。

若使用Moleskine等便携笔记本，建议在封面内侧写明姓名、邮箱和电话。这样即使不慎将本子遗落在咖啡厅，或与携带同款笔记本的同事拿混，也能提高找回的概率——类似于机场行李牌的作用。对于特别重要的笔记，可在封面附上"归还酬谢"的提示。若他人在办公室外费心归还丢失的笔记本，按惯例应给予小额现金答谢；但若只是忘在会议室的笔记本被人放回工位，则不必如此。

整理纸质笔记本或日志时需要兼顾规律性、计划性和个人习惯，下面列出了一些实用的技巧。

目录： 在笔记本开头预留几页以便填写目录。随着笔记内容增加，及时记录主题及对应页码，以便后期快速检索。部分笔记本会自带目录模板，若没有，也可自行用尺规绘制表格，从而实现类似功能。

页码： 这与目录密切相关。对每页进行编号，以便日后根据目录快速定位特定的部分或主题。

使用颜色编码： 不同颜色的笔或荧光笔有助于区分主题，表示重要性或将个人笔记与专业笔记区分开来。

节分隔符： 使用黏性标签或节分隔符来分隔不同的部分或主题。这在没有预定义章节的笔记本中特别有用。

日期标注： 每页记录必须注明日期，这对时间敏感的工作日志尤为重要，以便后期追溯时还原事件背景。

划分功能区域： 例如，划分出会议记录、灵感草稿、个人思考等专属板块，确保同类信息集中管理。

统一标题格式： 针对周期性内容(如系列讲座或例会)，采用统一标题格式(如"主题""日期""要点")，形成视觉识别体系以提高检索效率。

留白： 不要把一页纸都写满。适当留白，以便日后添加信息、进行注释或突出显示要点。

定期检查： 留出时间定期回顾和重新整理笔记。这有助于巩固所学的知识，并使笔记本保持整洁。

使用口袋或信封： 有些笔记本配有内置口袋，可用来存放相关文件、名片或松散的纸张。如果你的笔记本没有这个功能，可以考虑把信封粘在内封上。

建立待办事项系统： 在笔记本末尾预留几页，以便日后快速捕捉计划外的零散信息，后续再将信息分类整理到对应板块。

符号和标志： 建立符号体系(例如用五角星标记重点事项，用问号标识待查问题)，通过这类视觉标记，可迅速识别待办任务、疑问点等不同类别的内容。

存档： 当笔记本写满时，应在书脊或封面标注日期区间及核心主题，以便未来精准调阅历史笔记。

　　记住，保持笔记本或日志整洁的关键在于系统设计的连贯性。虽然后续可逐步优化记录方式，但只有形成固定框架并坚持使用，才能确保信息长期清晰可查、逻辑分明。

数字笔记

　　如果你已经有高效的整理方法，使用Microsoft Word或Google Docs等基础文字处理软件即可完成笔记记录。但Evernote或OneNote等数字笔记应用具备显著优势：它们是专为笔记管理设计的，支持大规模信息整合。

利用搜索和标记

　　智能检索与标签功能是数字笔记的核心优势。通过关键词与标签快速定位信息(如客户名称、财报数据)，省去逐页翻找的烦琐。

多媒体集成

　　多媒体融合功能突破纸质限制，支持插入图片、视频、录音及超链接，通过多维度内容强化对信息的理解和记忆，甚至允许口述笔记并自动将其转录为文字。

跨设备同步

　　充分利用云端功能。确保笔记实时备份并支持多端访问(手机、电脑及Web浏览器)，跨设备同步保障信息随时随地可查。

使用模板

数字平台通常内置会议纪要、头脑风暴、项目规划等模板，例如，Evernote用户可通过活跃用户社区获取海量专业模板资源。

体系化分类管理

通过文件夹、笔记本或分区功能，按主题、日期或项目对笔记进行标准化归类，保持信息架构的统一性。

善用工具扩展功能

数字笔记平台通常配备网页剪辑工具，可将文章、PDF文件等网页内容直接保存至笔记，手写绘图功能则能模拟纸质涂鸦体验，同时支持灵活修改与排版调整。

尽管数字笔记优势显著，但须根据个人习惯平衡数字记录与纸质记录。研究表明，手写能激活大脑编码能力，提升记忆深度与理解效率，因此在部分场景下，仍有必要保留纸质记录。

主动寻求指导。若仍感困惑，可约直属领导进行一对一沟通，咨询笔记管理经验。多数管理者乐于分享实用技巧，助你快速提升信息整理效率。

无论是纸笔还是数字工具，都能通过有效记录助你精准捕捉灵感、追踪任务并轻松回溯信息。选择适合你的方式，开始高效记录吧。

文档存储和组织

当涉及文档存储时，重要的是建立一个有组织、有版本的系统，并且团队中的每个人都可以轻松访问。办公室IT团队通常有一种首选的存储公司文件的方法，例如共享的网络文件夹、OneDrive、SharePoint、Google Drive、Dropbox、Box.com或其他主流云端文件存储工具。虽然有许多选项，但它们通常提供类似的功能。最好确保团队始终使用同一个平台，否则情况很快就会变得混乱。让我们来看一些实用的技巧和工具。

文件版本管理

在处理文档时，重要的是跟踪不同的版本，以便在需要时轻松地找到早期的草稿。一个有用的技巧是在文件名中加入日期和作者姓名的缩写，以便快速识别最新版本。

文件名版本控制示例：

ProjectSunshine_Proposal_v1_07-14-22_JD.docx (John Doe的初稿)

ProjectSunshine_Proposal_v2_07-16-22_JS.docx (由Jane Smith修订)

ProjectSunshine_Proposal_v2.1_07-17-22_JD.docx (John Doe添加的评论)

ProjectSunshine_Proposal_v3_07-20-22_LW_EB.docx (由Lucas White和Emily Brown定稿)

在技术要求较高的场景中，使用Git或Subversion等版本控制软件是追踪文档修改历史的有效方式。这类工具虽然学习起来有些复杂，但能逐行记录文件的完整修改轨迹，并清晰标注修改者的信息。

标签

使用清晰、具体的分类名称及标签，能有效提升文档检索效率。例如项目管理场景中，可采用项目名称作为主分类标识，并针对不同阶段增设子分类(如"规划阶段""设计阶段""测试阶段")。通过创建"会议纪要""演示文稿"等标签对同类型文档进行归类管理，可使后续的文件查找更加便捷。

文件和文件夹的层次结构

建立清晰的文件层次结构，可以有效提升文档查找效率。常见的做法是使用文件夹按类型或项目对文档进行分组。例如，为每个项目创建一个主文件夹，并为项目的不同阶段创建子文件夹，然后为每个文档创建单独的文件。另一种做法是使用扁平化文件结构，将所有文件存储在单个文件夹中，通过规范命名和添加标签实现快速检索。重要的是找到一个符合团队实际需求的系统，并且在管理文件的方式上保持一致。

文档存储

在存储文档时，通常有两个主要选择：云存储或本地存储。云存储是指将文件存储在远程服务器上，可以通过互联网从任何地方访问该服务器。一些流行的云存储选项包括Google Drive、Dropbox和OneDrive。云存储的主要好处是，允许你从任何地方访问文件，并轻松地与他人协作。其中一些工具甚至内置了文档编辑工具。

本地存储是指将文件存储在自己的计算机或本地服务器上。本地存储的主要好处是，允许你完全控制文件，不需要通过互联网来访问它们。然而，重要的是记住，如果电脑崩溃、遗失或被盗，你可能会丢失所有的文件。切勿将唯一的关键任务信息副本存储在本地驱动器上。

在现代化企业办公场景中，公司内网部署的共享驱动器(如映射为本地磁盘或文件夹的共享资源)为团队协作提供便利，但脱离企业内网环境后访问权限常受限制。

在远程办公模式下，员工通过个人设备访问公司文件时须特别注意数据安全边界，任何对外分享的文件都将脱离可控范围。

```
                文件层次结构示例

 公司文件(根目录)
   ·  金融
        ○  发票
              ·  2023
              ·  2022
        ○  预算
        ○  费用报告
   ·  市场营销
        ○  活动
              ·  2023年夏
              ·  2022年冬
        ○  品牌材料
        ○  市场调研
   ·  销售
        ○  客户档案
        ○  销售报告
              ·  每周
              ·  每月
        ○  合同
```

图 12.4　文件层次结构

建议采用类似于情报分级的管理模式：将核心机密文件限定于特定人员，普通内部文件限制在企业内网流通，对外公示的资料则设置开放权限。关键在于通过科学的分类管理保障信息资产安全。

采用支持文件权限设置的共享服务平台是保持工作条理性的有效方法。为每个文档配置查看权限，既能确保敏感信息安全，又能让相关人员及时获取所需资料。

图12.5展示了Microsoft Word共享设置。

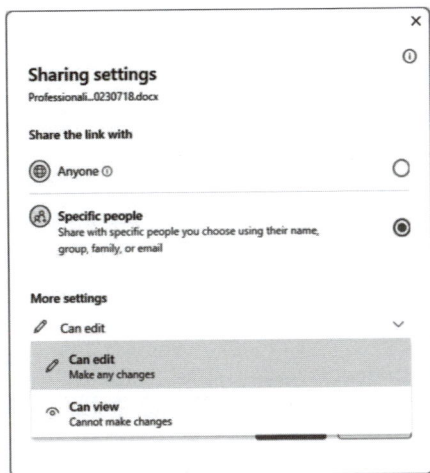

图 12.5　Microsoft Word 共享设置

　　但是，须注意一个问题——当在个人设备(比如手机或家用电脑)上访问公司文件时，实际上把文件带到了公司内网的保护墙之外。须特别注意避免误用个人电子邮件地址分享文件，因为个人设备通常缺乏工作电脑级别的安全防护，此类操作极易引发数据泄露风险。

　　事实上，我有个同事曾经犯过一个错误：他在个人设备上访问一个机密文件，结果手机被网络黑客入侵了。黑客能够窃取机密信息并利用它为自己谋利。公司的声誉受到了重大打击，这位同事为此感到很尴尬。

　　文件共享安全应引起全员重视。务必谨慎选择共享文件的范围与对象，使用个人设备访问公司资料时必须确保设备具备必要的防护措施。大中型企业通常会制定专项设备安全策略来确保邮件、文件及机密信息的安全。

总之，文件共享的安全性不容忽视。务必了解文件的不同保密级别，使用允许设置权限的文件共享服务，并小心访问个人设备上的公司文件。为了确保文件和公司的安全，再谨慎也不过分。

建立科学的管理体系是文档存储的核心，建议采用规范的文件版本追踪机制、清晰的分类标签体系以及严谨的权限分级制度。无论选择云端还是本地存储，都应确保文件架构简明有序，以便团队成员高效协作。

协作构建共享文档

数字时代下，Google Docs与Microsoft Word在线版等协作工具显著提升了团队完成共享文档的效率。以Google Docs为例，多名协作者可实时同步编辑同一文件，系统通过专属颜色标识每位成员的光标位置，以便追踪具体修改人员。将Microsoft Word与OneDrive或SharePoint结合起来使用时，同样能实现多人无缝协同编辑的功能。

高效协作须注意避免工作内容的冲突。建议团队成员提前告知当前编辑区域，或约定特定时段分工修改。充分利用文档内置的聊天或批注功能即时针对改动建议进行沟通，可确保所有参与者掌握最新进展。明确分工与有效沟通机制既能发挥协作工具的优势，又能规避多人操作导致的混乱风险。

共享文档中的评论和编辑

Google Docs与Microsoft Word均支持文本批注功能。用户可选中特定段落，在Google Docs中单击右侧边栏的"批注"按钮，输入意见或疑问；在Microsoft Word中，则可通过右键菜单或"审阅"选项卡创建批注。所有批注均显示在文档边缘并与对应文本关联，以便用户查看上下文反馈。两平台还支持多层级对话功能，团队成员可在同一批注下持续交流、讨论，促进协作与信息透明。

具体明确： 批注时应明确具体指向，例如将"此处表述不清晰"改为"第三段数据对比表需要补充来源说明"。

正向引导： 反馈建议采用"该部分内容能否补充说明"等开放式提问，避免直接否定式表述。

使用"建议"模式： 通过Google Docs的"建议"编辑模式提出修改方案，在保留原始内容的同时记录修改痕迹，以便作者审核、采纳。

简明扼要： 保持批注内容简练，避免冗长表述影响沟通效率。

定向回复： 当回应他人批注时，使用"@同事姓名"功能(例如"@John，已重新调整段落表述，请确认是否清晰")，系统将通过邮件通知对方查阅、修改。

及时删除评论： 问题解决后须关闭对应批注，保持文档界面整洁，仅保留待处理事项。

避免使用行话： 确保所有协作者都能准确理解批注内容，例如用"数据格式标准化"替代"ETL流程优化"。

定期保存和备份： 即使在线工具具备自动保存功能，也应养成手动保存的习惯，尤其在多人协同编辑场景中，须额外建立本地或云端备份文件。

保持尊重： 书面沟通须注意语气分寸，避免使用全大写文本(易被理解为情绪化表达)，建议采用"该部分是否需要补充图表说明"等中性句式。

终稿复核机制： 文档定稿前须组织全体参与者进行交叉审核，重点确认批注问题是否已闭环处理，避免遗留未解决争议点。

创建"常见问题解答"： 在文档协作过程中，若发现多人反复提出同类问题(例如已关闭批注后仍多次询问)，这意味着文档主体内容可能缺少某些信息。此时须将此类高频问题对应的解答补充至文档正文，或在附录中单独建立"常见问题解答"板块以集中说明。其目的在于通过系统性的信息整合，减少重复沟通成本，提升团队协作效率。

上述规范旨在建立清晰的协作框架，既确保团队成员高效参与内容建设，又能充分尊重各方提出的意见与观点。

项目跟踪工具

想象这样一个场景：所有工作截止日期都能集中管理、随时设置提醒事项，确保每个任务节点都清晰可控。这正是项目管理软件的价值所在——它如同一位24小时待命的智能助手，帮助你以合理成本实现高效事务管理。

通过合适的软件，你可将任务清单、截止时间、备忘笔记整合在统一平台中，彻底告别便利贴脱落丢失、手忙脚乱翻找关键邮件等尴尬情形。所有信息分类清晰、触手可及，真正实现工作流程的数字化有序管控。

更值得关注的是，部分项目管理软件还内置时间追踪功能。该功能可帮助用户精确掌握每项任务的耗时，特别适合那些常因不擅长管理时间而频繁查看时钟的职场人士。通过可视化时间分配图谱，用户能够科学规划工作优先级，实现时间资源的最优配置。

此类软件的协作功能更具革新性——团队成员可在统一平台完成任务分配、截止日期设定及实时沟通。例如，在特定事项下添加批注时，只需要"@相关成员账号"，系统即会推送通知至对应人员。这种集成化操作模式彻底消除了多平台切换、邮件往复的低效沟通痛点，使团队协作效率得到系统性提升。

所以，跟截止日期带来的焦虑和困扰说再见吧！项目管理软件将成为你提升效率的得力助手，这类工具能帮助你从容应对各类任务节点。一些流行的项目管理软件工具包括：

Asana

Trello

Monday.com

Basecamp

Microsoft Project

Jira

Airtable

ClickUp

ProofHub

图12.6展示了Airtable项目管理工具。

这类工具具备任务分派、期限追踪、团队协作及项目进度报告等多样化功能。部分软件还能与日历、文件存储及通信平台等工具实现无缝对接。对于大型企业员工而言，所在公司很可能已配备此类管理系统。建议系统学习相关操作教程，以充分发挥工具效能。

截止日期的压力虽难以避免，但只要做好规划、进度跟踪和团队沟通，就能有效避免延误。关键要记住——始终将身心健康放在首位，决不降低工作质量，这才是应对任务节点的核心准则。祝你顺利攻克所有截止日期！

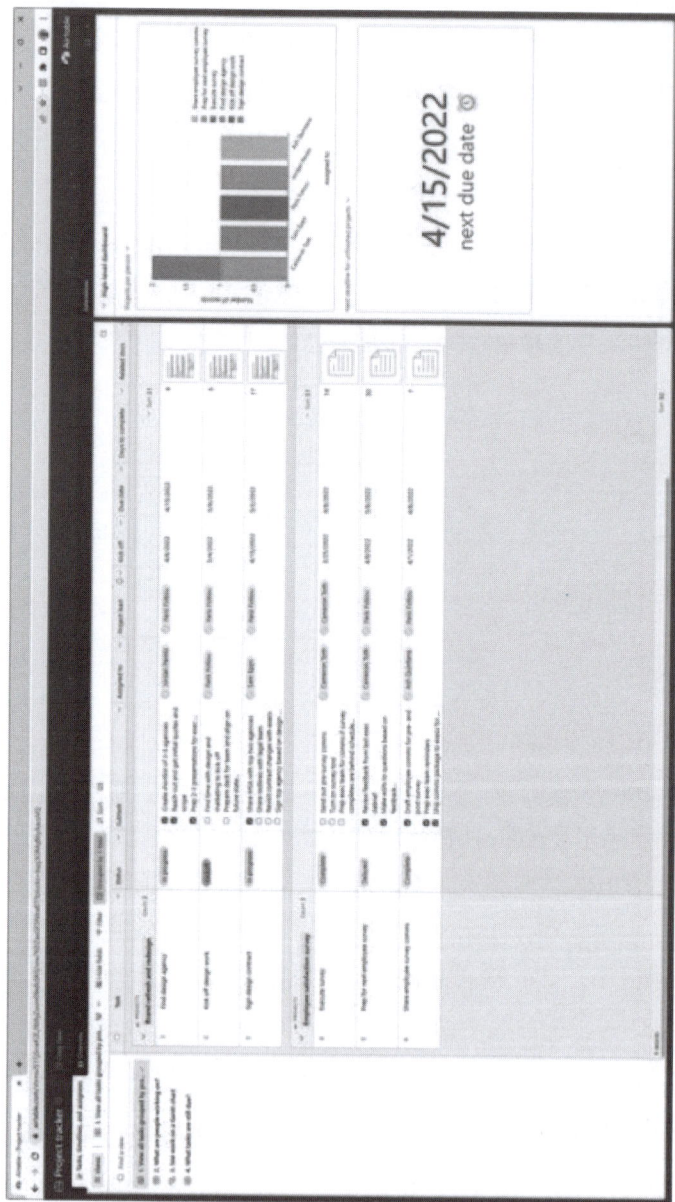

图 12.6　Airtable 项目管理工具

第 **13** 章

二

管理日程

在当代职场中，个人日程的管理看似复杂，但实际上，通过合理规划和细节把控，你就能将日常待办事项、重要会议与截止日期安排得井井有条。接下来我们将深入解析，助你掌握高效管理日程的核心方法。

建立适合自己的日程管理体系

创建清晰有序的日历系统是迈向高效的第一步。无论你偏爱传统纸质日历、在线日历还是两者的结合，都应找到简单直观的解决方案。市面上既有纸质计划本，也有Google Calendar、Microsoft Outlook等数字工具，选择符合需求的工具并坚持使用即可。完善的系统能帮助你灵活调整会议安排与截止日期。若办公室统一使用团队共享日历，建议同步该工具，以便同事查看你的空闲时段。钟爱纸质日历的用户可打印日程并随身携带笔记本，实际使用前不妨多尝试几种方案。

为每天、每周和每月的任务分配时间是保持最佳工作状态的关键。每天花几分钟回顾一下自己的日程，确保你为所有重要的任务留出了时间。提前安排约谈、会议和重要的截止日期。这样既能清晰掌握工作量分布，也有助于优化时间分配。不要忘记在日程表上写下就医、理发等个人事务。它们与工作无关并不意味着它们不重要。此外，还应为自己安排一些空闲时间，你可以快速喝杯咖啡或延长午餐时间。我们都需要一点"自我时间"来给自己充电。

定期检查并更新日程的重要性再怎么强调都不为过。建议每周花几分钟核对日程表，及时调整必要事项，这样既能清晰掌握即将到来的事务，也能从容应对突发变动或新增任务。

　　处理工作约谈时须明确界限——若会议超时，应果断结束。面对重要截止日时，应在日程中预留专注时段以高效处理任务。同事和管理层会理解你对工作的坦诚与投入。当会议可能超时且议程较多时，可在开场时或中途礼貌提醒"后续有其他安排"，这种"硬性截止"的说明并不失礼，而是专业性的体现。

　　若在大型办公楼或园区办公，务必在会议间隙预留充足的时间，以便在不同场地间移动。建议额外留出几分钟弹性时间来应对临时需求，例如去洗手间、茶水间等。若需要前往客户或合作伙伴的办公室、餐厅、酒店及会议中心等外部场所，应提前考虑交通拥堵等潜在延误因素，预留充足时间，尽量提前抵达。

心流状态：效率之禅

　　关于工作效率，需要特别说明"心流状态"这一概念。该术语由心理学家米哈里·契克森米哈伊(Mihaly Csikszentmihalyi)提出，特指个体完全沉浸于某项活动时的精神状态，表现为高度专注、愉悦感和操作自如。当人们全神贯注于工作时，常会出现数小时恍如片刻的体验。若你从事需要撰写深度分析报告或编写软件代码的工作，实现并保持这种专注状态尤为关键。

实现心流状态

　　要进入心流状态，关键在于平衡任务难度与自身能力。任务太简单，会令人厌倦；难度过高，则会引发焦虑。唯有找到难度适中的"理想区间"，才能保持专注与投入。

守护心流状态

心流状态易受外界干扰，例如新邮件提示音或同事的临时搭话。建议采取以下策略。

为任务设定具体的目标。

消除外界干扰。这意味着把手机调到飞行模式，或者屏蔽让你分心的应用程序。

将即时通信软件设置为离线状态，并关闭它们。

关闭电子邮件应用程序。

分配专门的时间块。例如，番茄工作法要求集中精力工作25分钟。

营造有利于工作的环境。适当的照明条件、符合人体工程学的座椅和适中的环境噪声水平，能显著提升工作环境质量。

在办公环境中保持心流状态

开放式办公布局虽有助于团队协作，却可能破坏心流状态。佩戴耳机以隔绝噪声、明确告知同事需要专注的时段、寻找安静角落等策略，可帮助你在干扰环境中维持高效状态。

记住，保持心流状态既能显著提升效率，也能让工作过程更富乐趣。如同顺风骑自行车——即使仍须奋力蹬踏，前进却格外轻松自如。

为重点工作留出时间

　　将专属的深度工作时间纳入日程规划，是提升效率的重要方法。在当今充斥着邮件、电话等各类干扰的工作环境中，专注地完成核心任务往往困难重重。主动预留不受打扰的时段，不仅能显著提升产出质量，也有助于降低工作压力，增强职业成就感。

　　有效的日程管理始于明确的工作界限。与其执着于清空收件箱这类"表面工程"，不如聚焦于真正影响工作成果的关键时段。建议先识别个人精力的高峰时段(例如，习惯早起的人可将深度工作安排在上午)，将黄金时间优先分配给需要高度专注的任务，而在精力相对平缓的时段集中处理行政类事务。

　　提升日程规划效率的另一个方法是为每个时间段设定明确的目标。例如，可将某时段目标设定为完成项目、撰写报告或审核演示文稿。这种目标导向的方式能强化专注力，确保在特定时段内高效推进核心任务，同时有效抵御外界干扰。

　　减少外界干扰的核心在于主动控制信息输入频率。虽然清空收件箱看起来很重要，但除非身处需要实时处理信息的行业，否则电子邮件通常并非核心产出内容。建议每日仅在早晨和傍晚各预留15~30分钟集中处理邮件，其余时段则持续屏蔽非必要的通知，从而为深度工作创造持续性专注环境。

　　保持日程规划的连贯性至关重要。坚持在日程表中预留专注时段，有助于培养良性工作节奏，逐步形成自动化的工作模式。建立结构化日程体系，不仅能提升任务处理效率，还能实现事半功倍的效果。建议每日系统规划待办事项优先级，持续为重要工作预留不被打扰的时段。这种持续投入终将使你收获远超预期的成效。

在线日程工具

在企业环境中，Microsoft Outlook与Google Calendar是最常用的两款日程管理工具。它们能有效协助职场人士规划日常事务、管理各项会议并提升工作效率。

Microsoft Outlook整合了邮件、预约及任务管理功能，其强大的日程模块支持多日历协同管理，并可通过邮件提醒功能确保相关人员及时跟进重要事项。尽管功能全面，但该工具界面复杂度较高，对初次使用者而言存在一定的学习门槛。

Google Calendar则以直观易用的界面著称，其功能设计旨在帮助用户清晰地管理日程。该工具深度整合了Gmail、云端硬盘等Google应用，支持多人日程共享与协作。相较于Microsoft Outlook，Google Calendar的功能模块相对精简，但两款工具的核心日程管理能力基本相当，实际的选择更多地取决于个人偏好。多数情况下，企业会统一部署指定工具，用户可通过Udemy和LinkedIn Learning等平台的低成本培训课程快速掌握操作技巧，此外，YouTube也提供了丰富的免费教程资源。

要充分发挥日历工具的效能，重点在于清晰掌握可用的功能以及正确的使用方法。例如，在Google Calendar中可创建多层级日程视图，通过颜色标签区分事务优先级，灵活设置团队共享权限以实现协作透明化。系统自带的会议提醒功能可以有效防止日程遗漏，对于常规事务，使用默认提醒功能即可，对于关键会议，建议额外设置提前30分钟的二次提醒机制。

此外，善用会议室预约功能可提升线下协作效率。预订会议室能为团队提供专属协作空间。通过日历工具查看实时空闲会议室列表，可快速匹配会议时段对应的可用场地。会议变更时须及时取消预订以释放资源，避免占用公共资源。多数办公场所实行"10分钟规则"——若预订方未准时到场，会议室将自动释放以供他人使用。

对于混合会议，建议在日程描述栏添加Zoom、Google Meet或Teams会议链接，并附上电话拨入号码以便离席人员接入。主流会议工具通常提供与Google Calendar或Microsoft Outlook直接对接的插件，可实现线上会议自动排期与虚拟会议室的快速创建。

Microsoft Outlook与Google Calendar均提供功能完备的移动端应用，支持随时随地查看及管理日程。这些移动应用具备桌面版的核心功能，通过优化界面设计，用户可在手机端快速确认会议空闲时段、即时添加新日程，并同步接收邮件提醒。其与邮箱及其他办公应用的深度整合，使得用户仅通过手机即可高效协调全天工作任务。无论你身处何地，通过移动设备实时更新和查阅日程的功能都能有效保障工作安排的连续性与可控性。

与同事协调你的日程表

在办公室环境中优化日程管理时，须重点考量团队成员的协同效率。通过日历工具查看同事的忙闲时段，可快速锁定适合多方的会议时间，减少协调障碍。主流日历工具(如Microsoft Outlook和Google Calendar)均内置同事忙闲状态可视化功能，建议优先使用该功能筛选共同的空闲时段。

确认会议时间时须执行双重确认机制：首先，与参会者核实其日程，确保无冲突；其次，明确传达会议议程与预期成果。对于关键会议，建议至少提前24小时发送包含议题说明及所需材料的通知，确保参会者具备充分准备时间。执行二次确认流程能有效避免信息不对称导致的会议延期或议程偏离。

当所有参与者日程排满以至于会议时间难以协调时，建议采用分段式会议模式，将核心议题拆分为多个短时段的讨论。

对于必须全员参与的环节，可优先选用Zoom等支持会议录制与文字转录功能的视频工具，以便缺席者后续补看关键内容。

为了确保团队会议富有成效，并且每个人都有时间参加，可以采用几个策略。

首先，要给团队成员足够的时间来调整其日程安排。如果可能的话，至少提前一周安排会议，这样每个人都有时间在必要时重新安排其他会议。

若需要快速确定最优时段，可通过Slack即时通信软件的投票功能或Doodle等在线工具征集多方意向，实时汇总全员空闲时段并筛选出重合率最高的时间段。

此外，借助智能日程管理机器人与虚拟会议平台(如Calendly)，可基于参会者的空闲时段自动筛选最优会议时间并完成日程同步，显著减少人工协调的沟通成本。例如，Calendly通过集成用户日历数据实现自动化排期，Doodle则支持发起多时段投票，参会者可以方便地进行选择，两种工具均能快速锁定多方认可的时间段，确保会议安排的高效推进。

若高层管理者必须参会且其日程已满，可直接通过邮件或即时通信工具询问其是否有可调整的弹性时段。若对方知悉此会议涉及重点项目，通常会配合调整其他安排以确保及时参会。

　　最后，重要的是确保每个参与者都提前了解议程，并有足够的时间准备。无论使用日程安排工具还是人工协调会议，都要确保所有参会者掌握充分的信息，比如会议的日期、时间、地点和目的，这样每个人都能提前准备。

与上司的日程表互动

　　与上级协作的核心原则在于尊重其日程安排与会议计划。无论是预约一对一沟通还是询问对方空闲时段，都须充分体谅其时间分配与职责优先级。

　　具体实施时，首要步骤在于掌握查看上级日程的方法：根据企业制度及所用工具，可访问完整日历或仅浏览其空闲时段标识，明确查看权限与操作规范有助于提升协作效率。

　　尊重上级时间安排的关键在于优化沟通模式。与上级领导进行一对一会议时，建议将待处理事项归类整合后进行集中讨论，避免分散多次沟通。例如，将同类问题合并，形成完整议题清单，这样既可提升会议效率，又能减少对领导工作节奏的干扰。

　　建立固定例会机制是另一个有效策略，通过设定每周固定时段的会议(如每周二下午三点)，双方均可提前规划议程并预留充足准备时间。这种机制既能形成稳定的沟通预期，又能避免临时性沟通对工作专注度的破坏。须注意的是，具体会议策略的优化方法将在后续章节中详细展开。

　　若有权查看上级完整日程，须谨慎处理涉及私人或敏感事项的日程信息，严格把控信息共享的边界与时机，同时确保敏感内容不外泄。

最后，尊重上级工作与生活的界限是基本职业素养，应避免在其私人行程或休假期间发起非紧急沟通。此举既能体现对上级时间的尊重，亦有助于维护高效协作的职场关系。

共享团队日程表

共享团队日程表是优化协作效率的重要工具，能清晰标注关键日程、会议安排及各类时间节点，例如任务截止期限、休假计划与公共节假日等。

共享团队日程表的核心价值体现在三方面：首先，团队成员能同步掌握彼此的工作安排，避免日程冲突并确保关键任务按时推进；其次，通过可视化呈现整体工作节奏，可快速识别需要额外支持或资源调配的环节；此外，建议提前录入带薪休假等计划性事项，以便团队提前规划资源分配。

要高效使用共享团队日程表，须重点标注节假日、带薪休假与团队会议。此举能帮助成员清晰掌握同事的工作状态，减少信息差导致的日程冲突。同时，须及时更新任务截止日期、晋升信息及重要行程，确保日程信息实时准确。

标注日程时应使用简明易懂的表述，避免使用团队成员不熟悉的缩写或术语。采用颜色标签或图标区分事件类型，提升信息辨识度。

建立定期沟通机制，强化共享团队日程表的效用。建议团队成员定期查阅日程更新，若遇到疑问，应及时提出，确保所有人同时知悉日程的调整，在协作上保持同步。

居家办公

居家办公时的日程管理可能与办公室环境中的模式有所不同。重要的是向团队清晰传达个人工作状态，同时建立自我时间管理机制。下面提供了一些建议，可以帮助你在远程工作时保持高效、有序。

关键在于提前规划，建议居家办公前尽早与团队沟通并保持同步。例如，通过Microsoft Outlook或Google Calendar等工具将特定时间段标注为"居家办公"或"外出"状态，使团队成员直观掌握可沟通时段与不可用时段，以便协调会议安排及工作对接。

通过日历管理个人日程时，建议将特定时段标注为"可沟通"或"暂离"状态。例如，处理家庭事务或私人行程时，可将对应时段设为"暂离"状态，使团队成员明确知晓此时段不可用。

向团队传达工作状态时须提供明确的时间范围。居家办公时段应细化标注"可参会时间段"与"不可用时间段"，例如，注明"10:00至12:00可接受会议邀约，14:00至16:00专注处理任务"，以便团队高效协调工作节奏。

最后，须定期维护日程信息的准确性。建议每日检查并更新次日安排，既帮助团队预判协作节点，也能避免信息滞后导致的日程冲突。对于临时调整的会议或任务，建议同步更新日历备注并在群组内二次确认。

安排定期会议

安排定期会议是高效管理日程并维持职场与个人关系的重要方式。此类会议能帮助你提前规划工作优先级、追踪任务进展并巩固长期协作关系。

与直属上司或关键同事建立例行沟通计划时，须先确认双方都适应的频率(如每周或每月)。然后确认固定的会议时段及地点，例如每周三上午十点或每月首个工作日。固定安排可降低参会者遗忘的可能性，便于提前预留时间。

对于定期会议，准时出席并充分准备是基本准则。建议提前整理好需要讨论的议题或进展资料，避免因迟到或准备不足而影响会议效率。此举既能体现对会议的专业态度，也能展现对他人时间价值的尊重。

取消无意义的会议

会议是职场协作的重要形式，但若缺乏充分准备和明确目标，易导致效率低下和时间浪费。为了提升会议价值，需要首先识别并减少低效会议。

建议在组织会议前先明确核心目标与预期成果，例如需要决策的事项或待确认的信息。若目标通过邮件或即时消息即可实现，则不必召开正式会议。

会议议程应聚焦于核心议题，避免设置过多讨论内容。建议将议程控制在三个核心议题以内，并预估每个议题的讨论时长。例如，部门周会可限定"项目进度同步""风险问题协调""下周计划确认"三项议程，每项分配15分钟的讨论时间，确保会议进程紧凑、高效。

高效会议须通过结构化设计提升参与度与产出质量。建议从基础框架入手：提前发布包含核心议题的议程清单，明确每个环节的讨论目标与时间分配；指定专责协调人全程把控流程，包括引导发言、追踪待办事项分配、协调意见分歧等。协调人如同航海指挥官，既能引导讨论方向，避免低效分歧，又能确保议题聚焦，最终推动会议形成可执行的成果。例如在项目复盘会中，协调人应提前拟定包含"进度回顾""问题归因""改进计划"三项议程的文档，现场按序推进并实时记录待办事项责任人。

会议的预定时长应该是实现其目标所需的最短时间。这有助于避免时间浪费。例如，原定30分钟的进度汇报会若提前20分钟完成核心讨论，应主动结束会议而非拖延时间。

对于例行会议，须建立动态评估机制。如果周例会长期陷入重复性信息同步且缺乏决策产出，可调整为双周召开或改为书面简报形式，直接取消低效会议安排。

在职场中，并非所有沟通都需要召开会议。对于不需要多方讨论或决策协同的常规事务，例如日常进度同步或信息确认，邮件沟通方式通常更符合团队时间管理需求。

通过遵循以上建议，可以合理筛选会议类型并优化会议流程，从而有效减少低效会议对工作时间的占用。聚焦于核心议题并控制会议时长，既能提升协作效率，也能为团队创造更多实际产出价值。

安排假期、问诊和其他个人事务

　　合理安排休假是保障身心健康与职业效能的重要举措。定期休假能帮助恢复精力并在工作与生活之间维持平衡，但许多员工因工作压力太大而难以提前规划休假安排。本节将提供一些实用的建议，确保你既能实现真正脱离工作的深度休整，又能避免临时请假导致的团队协作压力。

　　建议优先将休假计划纳入年度日程，根据项目周期预留弹性缓冲期，确保在休假期内工作能妥善交接。例如，在季度末项目收尾阶段安排7~10天集中休假，既能避免影响关键节点，也能让身心得到充分调整。制订计划时应综合考虑岗位负荷与个人事务，统筹重要项目节点与日程安排。建议至少在休假前两周与直属上司及协作同事正式沟通休假计划。

　　申请休假时应严格遵守公司制度流程：对于需要书面提交申请的机构，应按规范递交休假申请表；对于采用线上审批系统的企业，应在指定平台提交申请材料。无论采用何种方式，务必在计划休假日期前完成审批程序，以便团队预留人员调配与工作交接时间。

　　休假通知需要明确离岗与返岗日期，同步当前工作进展及待办事项优先级。建议建立工作代理机制，指定同事临时接管核心职责，或通过任务分解实现工作的平稳过渡。对于需要持续跟进的专项工作，可提前制作交接备忘录并召开简报会议。

设置适当的自动回复消息

休假期间设置合理的自动回复消息有助于明确工作交接范围，避免非紧急事务干扰休假安排。

设置自动回复消息时须区分内部协作与外部沟通场景：对于内部同事，应说明休假起止时间及工作对接人；对于外部联系人，可简要告知返岗日期并提供紧急事务联系渠道。

建议注明紧急情况下的手机联系方式，同时明确邮件处理周期，例如说明"休假期间将定期查阅重要邮件"或"所有工作邮件将在返岗后集中处理"以平衡工作衔接与休假质量。

对于移动端联系，应明确使用边界：非紧急事务应通过邮件沟通，私人问候可接收，但工作电话仅限特定时段接听。跨时区差旅时建议注明可通话时间范围，例如"北京时间9:00至11:00可接听紧急来电"。通过清晰界定沟通规则，既能保证必要的工作衔接，又可避免休假期间被非必要事务打扰。

此外，建议在日程管理系统中创建全天事件以覆盖休假时段(例如设定周一9:00至周五18:00)，通过设置"日程锁定期"来避免同事误安排会议。须特别注意：共享该日程时务必选择"空闲"状态标记，若误选"忙碌"状态，可能导致同事接受事件后其个人日程也被同步占用。

第 **14** 章
二

会议组织与管理

　　尽管我们极力避免开会，但会议在职场中不可避免。如果我们不得不参加会议，不妨让它们尽可能有效和有趣。本章将探讨如何安排和运行有效的会议，包括如何考虑时区，如何处理后勤工作，以及如何参加视频会议，等等。

安排会议

　　安排会议的首要原则是预留充足时间，确保议题被完整讨论，避免讨论正深入却因时间不足而被迫中断。建议在实际需求的基础上增加缓冲时段，宁可提前结束也不仓促收场。

　　要确定会议时长，须综合考虑会议目标、参与人数、议题复杂程度以及差旅安排或时区差异等后勤因素。

　　日常站会应控制在15~30分钟，而头脑风暴或战略规划类会议可延长至数小时。核心原则是在保证目标达成的前提下尽量压缩会议时间。

　　此外，高效会议须预先设定议程并明确单议题时长限制，以此确保讨论聚焦于核心问题且所有关键内容在预定时间内完成。

　　若涉及跨时区参会者，必须统筹兼顾各区域作息时间，必要时可调至部分参与者的非标准工作时间段，但须充分尊重各方日程安排。

　　推荐采用专业时区管理工具或会议协调平台以实现异地团队的时间同步，此类工具能直观呈现全球各时区的对应时段，显著提升跨地域会议排期效率。以下是一些受欢迎的选择。

　　Google Calendar： 该工具内置"空闲时段查询"功能，可直观显示所有参会者的空闲时间分布。该工具支持多时区同步显示，允许跨地区团队快速协调全球会议时段。

时区转换工具： 在线时区换算平台(如Time Zone Converter、World Time Buddy)提供实时跨时区对照表，通过输入基准时间自动生成全球主要城市对应时间，适用于跨国会议日程规划。

Doodle： 该协作工具允许发起人创建多个备选会议时间，参会者通过投票系统选择最合适的时间段，显著降低多时区协调的沟通成本。

Calendly： 该在线日程管理工具可与个人日历系统无缝对接，基于用户预设的可用时段自动生成预约窗口，外部人员通过共享链接即可自助预约合适时段，完成日程登记。

世界时钟会议规划器： 通过输入参会者所在地信息，系统将智能匹配各时区重叠的合理时段，直观呈现全球主要城市对应时间坐标，有效规避跨地区会议中的工作盲区。

上述工具通过自动化排期机制极大降低了跨国团队协调会议时间的沟通成本，尤其在处理跨时区协作场景时能显著提升效率。

出差参加会议

若会议涉及出差，须提前预留充足的通勤时间，避免因误判通勤时长而迟到。建议将潜在的交通拥堵和突发延误纳入时间规划。即使在同一园区内，也应考虑步行耗时，可使用Google地图、Citymapper等导航工具预判行程时长。

在高层办公楼的不同楼层、企业园区跨区域或异地办公场景下，应为所有参会者协调专用会议室资源。开放式办公环境中可优先选用电话亭会议室或小型1~2人洽谈室，对于大型团队会议，则须预订多间具备视频会议系统的互联会议室。

会议后勤

抵达后应选择适宜的会议场所，确保办公场所或客户场地内的会议室具备充足空间及必要设备。根据会议目标调整布局：培训类会议适合教室型布局；促进讨论的场景可采用环形大桌；若需要开展互动式头脑风暴或白板演示，应预留人员走动空间并划分小组讨论区域。

组织会议时最棘手的往往是技术保障环节，因此必须提前做好准备。须与IT部门协同完成所有设备的安装调试及功能验证，包括视频会议硬件、电话会议桥接系统、投影仪、演讲台、提词器等关键设施。使用笔记本电脑演示时须确保设备电量充足或接通电源，同时提前确认会议室是否配备适配器或无线投屏功能是否已完成测试，避免会议期间因接线混乱或播放故障而中断流程。对于涉及多地联动的大型会议，须加倍重视设备稳定性。如果需要使用投影仪等专业器材，应至少提前两周提交使用申请。

预订会议室时须确保座位数量满足所有参会者的需求，同时提前准备茶歇饮品及点心。根据会议时长合理配备餐饮补给，以便参会者补充能量。须特别注意食物过敏、乳糖不耐受等特殊饮食禁忌，并为素食者提供替代方案。针对客户来访场景，推荐准备以下茶歇餐食。

轻食小吃：为客户提供各种轻食小吃，如新鲜水果、坚果、饼干和燕麦棒。既能补充能量，又不会产生饱腹感。

饮料：提供各种饮料，如咖啡、茶、水和软饮料。一定要询问客人是否有特殊偏好或饮食禁忌。

早餐：对于晨会，建议提供百吉饼、松饼和酸奶等早餐组合。这有助于以积极的态度开始新的一天。

午餐：对于午间会议，建议提供各种三明治、卷饼和沙拉等便携简餐。

餐饮服务：对于大型会议或活动，建议预订专业餐饮服务，确保餐品提前一小时送达会场，避免现场拆解餐食时干扰会议进程。

记住，你的核心目标是为来宾营造舒适、愉悦的参会体验，须提前沟通，确认饮食禁忌与口味偏好，并准备多样化餐食选项以满足不同需求。

最后，建议与行政主管或会务专员保持密切沟通，此类专业人员可高效协助你完成从预订会议室到设备调试的全流程会务工作，充分发挥其统筹协调能力，将大幅提升筹备效率。

视频会议礼仪

在当今的远程工作环境中，视频会议软件已成为重要的会议工具。然而，务必记住，虚拟会议仍然需要专业的礼仪和适当的行为。本节针对视频会议中的一些适当和不适当的行为，给出了一些提示和建议。

首先，会前须做好准备并准时参加会议。就像面对面的会议一样，准时是对其他参会者时间的尊重。确保你已经测试了设备和互联网连接，以避免任何技术问题。

在会议中，须保持专业的形象。穿着得体，确保周围环境整洁，不会让人分心。避免坐在明亮的窗户前或杂乱的背景前。如果你没有干净、整洁的空间，不妨使用一个虚拟的背景。你可以在Zoom中找到虚拟背景。

如果你在家里参加视频会议，一定要穿着得体——尤其当你的同事或客户穿着更正式的服装时。鉴于Zoom通常只显示你的上半身，应确保上半身的体面。带领的衬衫、女式衬衫或看起来专业的上衣通常是合适的。虽然条纹和复杂的图案可能更吸引眼球，但在视频中，它们可能会让人分心，或者产生一种错觉，这种错觉被称为"条纹效应"。纯色(尤其是那些与背景形成鲜明对比的颜色)是理想的。

参会时应全程保持专注并积极参与讨论，避免同时处理其他事务或查看邮件，他人会察觉到你分心的状态。如需要临时离席，应提前告知参会者并关闭麦克风。通常建议开启摄像头，尤其在15人以下的中小型会议中，关闭摄像头可能被视为未参与讨论或正在处理其他事务。若参与不需要发言的大型网络研讨会，则可关闭摄像头。

沟通时应吐字清晰、语言简洁，避免打断他人发言，等待合适时机再表达观点。通过点头、微笑等肢体语言展现参与度与认同感。若在激烈讨论中难以插话，可使用举手功能或在聊天框中注明补充意见的意愿。

另一方面，在视频会议中需要注意避免某些不当行为。首要问题是打断他人发言或独占发言权，这种行为不仅会让其他参会者感到困扰，还可能使会议偏离既定目标。

此外，应当杜绝干扰性行为，例如吃东西或大声敲击键盘，其声响会通过麦克风传递，影响会议进程。参加人数较多的会议时，建议在非发言时段保持麦克风静音状态。如因孩子、宠物或他人进入办公区域而分心，应迅速致歉并开启静音功能以处理突发状况，处理完毕后立即回归会议。

最后，须避免任何无礼的行为，例如使用冒犯性言辞或做出不得体动作。即使与其他参会者身处不同空间，此类行为依然不可接受。

视频会议中的得体表现包括提前准备、保持专业仪表与态度、积极参与讨论、清晰简洁地表达观点。务必避免可能干扰会议目标或给他人留下负面印象的不当行为。

有效地组织会议

会议可以有许多不同的形式和规模，目的和结果也各不相同。重要的是每种类型的会议都要有明确的议程和具体的目标。以下是一些常见的会议类型以及有效运行会议的最佳实践。

教育会议

此类会议通常以内部信息共享、培训或面向外部客户的知识传递为核心目标。为确保此类会议高效开展，应提前向参会者提供明确的议程安排及相关资料，此举有助于确保参会者充分准备，并能在会议中提出有深度的问题。

项目进度更新会议

　　此类会议旨在向团队成员通报当前项目或计划的推进情况。为提升此类会议的效率，须明确每位成员的角色分工与职责范围，并确保所汇报的进度信息翔实且简明扼要。

协调和决策会议

　　此类会议对确保团队目标协调一致、推动共同目标取得进展具有关键作用。召开协调会议时，须明确预期成果并提供相关背景资料及上下文信息；而决策会议则强调建立清晰的决策标准，并通过系统化流程综合考量不同方案。

集体头脑风暴和创意讨论会议

　　此类会议旨在为团队创造新思路与创新方法提供平台。要高效开展头脑风暴会议，须营造舒适的环境以确保每位成员都能自如提出想法，同时可借助视觉化工具或其他辅助手段激发创造性思维。

创意评审会议

　　此类会议主要用于评审设计或文案等创意作品。要确保会议高效，须提前明确具体需求，并在讨论中针对作品内容提供清晰且可操作的反馈意见。

　　无论何种会议，均须明确记录行动事项及后续步骤。为具体成员分配任务并设定明确截止时间，有助于推动会后决策的持续落实；针对规模较大的会议，做好会议记录或纪要，可确保各方对讨论结果达成共识，避免信息偏差。

　　· 会议录音虽在某些场景下有助益，但须根据具体会议类型审慎选择是否启用。通常应事先征得参会者同意，并明确说明录音用途。Zoom等平台内置的录制及转录功能允许便捷回溯会议内容与关键观点。

会后及时跟进对落实行动、保持进展至关重要。会议总结邮件应包含核心决策要点、待办任务清单以及会议中分享的补充信息。

以下是一些额外建议，可助你提升会议效率。

◀ 会前阅读材料

若会议讨论或决策涉及重要文件，通常应提前将相关材料发送给参会者。这些材料可包含提案、演示文稿或执行摘要等会上需要审阅的内容，以便参会者提前熟悉信息，带着充分准备参与讨论或决策。除非你计划进行惊喜式展示并希望获得听众的即时反应，否则提前发送材料不会削弱主讲者的影响力。

提前发送材料也体现出对参会者时间价值的尊重，有助于提升会议效率。但须注意平衡：避免因发送过多信息而给参会者造成负担，或过早发送导致临近会议时参会者已遗忘内容。

若会前阅读材料内容较为复杂，应鼓励参会者提前在文档中注明疑问。此举可帮助会议时间更高效地用于集中讨论存在较大疑问或争议的部分，以便进行进一步澄清或意见补充。

◀ 鼓励参与

应鼓励所有参会者分享观点，并确保每人都有发言机会。可通过营造舒适、包容的沟通氛围来实现这一点。在大型会议场景中，须特别关注主桌外围就座者的参与度，使其感受到与主桌旁参会者同等重要的存在感。

保持议程聚焦

讨论须始终围绕议程展开，避免偏离议题。若某议题讨论超时，可将其暂缓至后续会议处理，或另设专门的讨论时段。

分配角色

为参会者分配计时员、记录员等特定角色，以确保会议高效推进且职责明确。

管理干扰

干扰可能使高效会议陷入混乱，在大型会议中，尤其如此。建议预先设定基本规则，例如要求参会者非发言时关闭麦克风、关闭笔记本电脑或将手机移离主桌(线下场景)。利用数字举手功能或聊天窗口有序管理发言顺序，避免打断。使用视觉辅助工具时须确保内容简洁且具吸引力，以维持参会者专注力。

积极引导至关重要——定期确认参会者状态，通过针对性提问或互动投票保持参与度。建议指定协作主持人——你主导会议内容时，对方可同步处理聊天区问题或技术故障。当讨论过度偏离时，须以温和但果断的方式将讨论引回正题。一场组织有序的会议不仅高效，而且能体现领导者的管理能力。

总体而言，高效会议应具备充分准备、目标聚焦及信息传达明确三大要素。遵循上述建议，既能提升会议产出效率，又能确保参会者切实感受到时间的有效利用。

第 **15** 章
二

职场中的
社交媒体

社交媒体已经成为我们日常生活中不可或缺的一部分。我们用它与朋友、家人和同事保持联系。这是一个强大的工具，可以用来推广业务，与同行建立联系，以及掌握行业动态。但是，与任何强大的工具一样，它同时带来了风险和机遇。

社交媒体在现代职场中变得越来越重要。面对众多平台，你可能不知如何有效地使用。本章将明确在职场中使用社交媒体的准则，并探讨其好处和潜在问题。

在职场中使用社交媒体的一般准则

关键在于了解所在公司关于使用社交媒体的规章制度，同时须谨慎维护个人公众形象与声誉。避免发布争议性话题或参与对立性讨论，有助于在工作与生活之间维持平衡。

基本原则是，若不愿某类信息被公众发现，就不要将其发布至社交媒体。网络信息具有永久留存的特性——即便使用如Instagram限时动态这类24小时自动消失的功能，也应知可能有人对你上周聚会时的失当行为进行截图或录影留存。

正确使用领英平台

与Facebook、Instagram、TikTok等个人社交平台不同，领英(LinkedIn)是打造职业品牌的重要渠道。关键在于构建一份突出展示技能与成就的优质档案。与同事及行业专家建立联系、参与领域相关的群组讨论、搜索职位、寻求职业发展，都是有效利用该平台的方式。对于职场新人，创建领英档案应成为首要任务之一。

打造优质档案

领英档案本质上是你的线上简历，因此务必确保其完整性与专业性。这包括上传专业形象照，撰写具有吸引力的个人简介，并详细描述工作经历及成果。

拓展职场人脉

领英是行业内建立职业联系的高效工具。建议主动与同事、行业专家及其他有助于职业发展的人士建立联系。加入与自身领域相关的领英群组，参与讨论和交流，可进一步扩大专业人际网络。

参与专业讨论

领英不仅是发布职位信息与动态更新的平台，也是专业人士分享行业洞见、提出问题、参与相关讨论的互动空间。通过在群组讨论中分享专业知识，或对他人发的帖子发表见解，你可逐步树立行业意见领袖形象，同时拓展职业人脉。若你从事全新领域的工作，或正在学习某项独特技能，可尝试撰写专业文章甚至开设专栏，分享实践经验。网络用户往往更关注持续提供有价值信息的账号。需要注意的是，切勿泄露任何企业机密或专有信息。

善用关键词与搜索优化

与任何线上平台相同，在领英平台，合理使用关键词并优化个人资料以提高搜索引擎可见度，能增加潜在雇主或招聘方发现你的机会。应在个人简介的标题栏、概述板块及职位描述中，系统性地融入相关行业的关键词。

求职和职业发展

领英是推进职业发展的有效工具。你可通过平台检索职位空缺、调研企业及行业信息，并与招聘专员及人事经理建立联系。此外，该平台还能帮助你展示技能与成果、塑造个人品牌形象，从而获得更多职业机遇。

与工作相关的微博

微博是一个强大的工具，可以帮助你建立个人品牌，并与同行建立联系。以下是关于如何在职场中使用微博的一些建议。

积累关注群体并与行业领袖互动

微博的核心优势在于能便捷连接行业同仁。建议主动关注所在领域的关键意见领袖、行业专家及权威人士，通过转发、评论及分享其优质内容进行互动，这有助于建立行业关系网络并逐步确立个人专业影响力。

分享行业相关的高价值内容和洞见

微博是传播行业动态、趋势分析与专业见解的理想渠道。可定期发布与自身领域相关的优质文章、深度博文及研究报告，同时针对行业热点问题发表原创观点。此类内容输出不仅能强化你的领域专家形象，还能有效提升行业影响力。

借助微博拓展人脉关系

该平台不仅是信息传播渠道，也是构建行业人际网络的有效工具。你可通过微博与行业会议中结识的同行保持联系，或主动向钦佩的业内专业人士进行自我介绍。积极参与平台上的行业话题讨论与即时交流，既能拓展人脉圈层，又能分享个人见解与创新思路。

避免发表有损声誉的争议性或冒犯性内容

须谨记，所有微博均为公开可见的内容。注意分享的内容，避免发布可能损害个人声誉或冒犯行业同仁的争议性、攻击性言论。推文不仅代表个人品牌形象，也关联企业声誉，因此务必以负责任且专业的态度使用平台。

善用微博强化企业品牌宣传

微博可作为展示企业品牌形象与推广战略项目的重要渠道。建议定期发布企业最新动态，推广业务相关活动与专项计划，并运用图文、视频等多媒体形式传递企业文化及核心价值。须注意的是，所有内容的发布都应严格遵循企业制定的社交媒体运营规范与内容审核标准。

其他社交媒体在工作中的使用

除了领英和微博，Instagram等社交媒体也是专业人士常在职场中使用的有价值的工具。以下是关于如何利用这些平台的一些建议。

展示公司文化和价值观

Instagram是一个视觉平台，可以用来展示公司的文化和价值观。分享团队郊游、活动和项目的照片和视频，让关注你的人了解你的工作环境。

推广活动及措施

使用Instagram来宣传与工作相关的活动和倡议，比如会议、产品发布和慈善活动。这些平台是接触广大受众并为企业活动制造话题的好渠道。

保持专业形象

虽然Instagram比领英和微博更个性化，但仍须在这些平台上保持专业形象。避免发布有争议或冒犯性的内容，以免损害个人声誉。

与同事和同行建立联系

Instagram社区是与同事和同行建立联系的好地方。加入与所在行业相关的团体，通过参与对话来构建人际网络。

策略性地使用标签

标签使你能在Instagram上吸引更广泛的受众。使用特定行业的标签，可以让你发布的内容更容易被潜在客户或雇主发现。

创造引人注目的视觉内容

Instagram之类的社交媒体都是高度可视化的平台，所以须创造引人注目的内容。使用高质量的照片和视频，并尝试不同类型的内容，如信息图表和动画。

通过遵循上述建议，你可以利用Instagram等社交媒体来建立个人品牌，与同事和同行建立联系，并推广与工作相关的计划，寻求职业发展。

将个人与职业的社交媒体账号分开

务必将个人与职业的社交媒体账号分开！虽然使用个人账号推广工作内容或联系同事看起来很方便，但此举可能引发隐私泄露、言论尺度把控不当等隐患，进而损害职业声誉。将两类账号明确区分开来，既能维护个人生活边界，又可确保专业形象不受私人动态影响。

下面列出了必须将个人与职业的社交媒体账号分开的一些原因。

隐私问题

个人社交媒体账号可能包含不适合在专业网络上分享的信息，比如个人观点、照片和个人生活的细节。

职业形象

个人社交媒体账号可能包含不适合职业场合的内容，比如有争议的意见或不适当的笑话。把个人账号和职业账号分开，可以让你在网上保持一个专业的形象。新雇主可能会搜索员工在微博、领英或Instagram上的个人资料，以了解他们在工作之外是什么样的人。如果你发布了不雅、不恰当的内容或被贴上了负面的标签，这可能会让你失去潜在的重要机会。

工作与生活的平衡

将个人账号和职业账号分开，可以帮助你在生活与工作之间保持平衡。在职业账号上发布工作相关的内容，在个人账号上分享个人生活趣事与观点，你就可以避免全天候待命的疲惫感。

受众

个人账号的互动对象多为亲友，而职业账号的关注者通常包含同事、客户及行业人士。将两类账号区分运营后，可针对不同受众调整内容方向。例如，职业账号侧重发布行业见解、专业成果等与工作相关的内容；个人账号则用于分享生活日常。建议将个人账号设置为私密模式，确保非互相关注用户无法查看动态内容。

若决定将个人社交账号用于工作相关用途，须谨慎把控所发布内容及内容受众群体。以下为使用个人账号参与工作事务时的注意事项。

保持专业

避免有争议或冒犯性的内容，须知你分享的一切都会影响你的职业形象。应尽量避免政治和宗教等非常敏感的热点问题。

使用隐私设置

利用社交平台的隐私设置工具，自主设定内容可见权限。建议为亲友与工作联系人建立独立分组，通过定向内容推送保持信息发布的精准性。例如，行业动态仅对职业联系人可见，而私人生活动态仅对亲友分组开放。

发布前审慎思考

在分享任何内容前都应评估其是否适合职业受众阅读，以及是否有助于塑造专业形象。

随着本书的出版，新的社交平台或应用必将不断涌现。核心原则始终在于对发布的内容保持审慎的判断。通过遵循上述准则，既能塑造积极正向的网络形象，又能有效保持个人生活与职业身份的界限。在工作场景中，以负责任的态度高效利用社交媒体工具，对维护职业发展至关重要。

第 **16** 章
二

职业发展

虽然本书并非聚焦于职业规划或求职技巧，但当你考虑第一份工作时，职业成长与个人发展目标仍然是需要关注的重要维度。职业发展本质上是一个持续的过程，通过积累技能、知识和工作经验来实现职业理想。这既需要制定短期和长期的规划，也需要保持终身学习的意识，通过专业成长和自我提升来应对职场挑战。

当前就业环境始终处于动态变化中，某些当下热门的技能可能在几年后就会过时。因此，持续更新知识体系、不断精进专业能力，是保持职场竞争力和适应市场需求的必要选择。

职业发展不仅意味着职位晋升，也在于寻找与个人兴趣、价值观及优势相契合的职业方向。它可能包含转换行业赛道、自主创业，或选择远程办公、自由职业等新型工作模式。

职业发展涵盖促进个人能力提升与事业进阶的各类实践路径，包括：

评估自身的技能、优势、兴趣和价值观；

设定职业目标并制订实现目标的计划；

寻找学习机会，获取新的技能和知识；

构建职业人脉，寻求导师指引；

重视收集反馈以促进成长；

探索不同的职业道路和机会；

主动争取发展资源，始终以自我驱动力掌控职业发展轨迹。

职业发展并非一次性的任务，而是需要持续投入和主动规划的长期过程。它要求从业者具备承担风险的勇气，能够从挫折中汲取经验，并灵活应对行业变化带来的挑战与机遇。

本章将重点解析职业发展的核心策略与实践方法，系统阐述持续学习机制、职业导师价值以及人际网络对职业发展的影响，同时针对职业转型关键期提供可操作性建议，帮助读者充分利用职场机遇。

持续学习

职业发展离不开持续学习。伴随全球各行业的持续演进，掌握行业前沿趋势、技术变革及核心技能变得尤为重要。持续学习不仅能确保个人在就业市场中保持专业竞争力，也能激发从业者对现有岗位的持续热情与创新动力。

持续学习可通过多种正式与非正式途径实现。正式学习途径包括参加行业会议、专题研讨会或短期培训课程，考取职业资格证书，攻读高级学位以及报名参加系统化课程与培训项目。这类途径通常需要投入时间或资金成本，但能带来可观的职业发展回报。若此类培训有助于提升专业知识储备与工作效率，雇主通常会承担或补贴相关费用。

非正式学习途径同样具有价值且更易获取，例如阅读行业期刊或专业博客、关注社交媒体领域的行业领袖、参与在线论坛或网络研讨会，甚至主动承担工作中的新挑战或项目任务。

不管用什么方式，关键是要有意识地持续学习，并形成规律化的日常实践。这通常表现为定期留出时间进行系统性阅读或技能训练，或者确保每年至少参加一次行业活动或培训项目。

持续学习不仅能够更新专业知识储备，也能彰显出从业者对自身领域的专注态度与成长诉求。这种积极进取的职业素养，既能增强现有雇主的认可度，也可在求职过程中形成差异化优势，使个人在激烈竞争中占据主动地位。

此外，持续学习还能为职场人士带来工作层面的满足感与成就感。通过掌握新技能与新知识，从业者得以承担更具挑战性的任务、拓展职责范围，并通过创新方式创造价值。这种能力进阶不仅有助于提升工作满意度，也能强化职业目标感，使个人在事业发展中感受到更深刻的意义。

持续学习并非仅是达成职业目标的短期手段，而是贯穿整个职业生涯的持续成长过程。无论选择系统性培训还是自主探索，主动掌控个人学习轨迹，都将成为实现职业成功与自我价值的有力途径。这种积极进取的成长型思维，能够帮助从业者在动态变化的职场环境中持续保持竞争力与适应力。

导师

在职场中，导师是个人职业发展过程中极具价值的资源。导师通常指所在领域中经验更为丰富的从业者，他们愿意分享自身积累的知识体系与实践经验。这类专业人士既能协助提升具体工作技能，也能针对职场困境提供解决方案，同时为长期职业规划指明方向。导师对职场人士的成长与发展具有关键支撑作用。

导师的核心价值之一是能够提供客观的工作反馈。通过观察你的工作表现，他们可精准识别你的能力短板，并给出针对性改进建议。这种基于实践的指导，能有效加速职业技能成熟度的提升，帮助从业者实现更高水平的工作效能。

导师的另一项重要作用在于协助应对职场复杂情境。他们能够针对人际关系管理、高难度项目推进、工作与生活的平衡等实际问题提供策略指导。当从业者面对相似困境时，导师的过往经验往往能带来实质性启发，这种经验传承既能增强从业者处理问题的信心，又能有效避免重复性试错成本。

此外，导师在领导力培养方面具有独特价值。他们可传授团队激励技巧、任务分配方法及复杂对话处理策略等重要管理技能。通过系统吸收导师的实战经验，从业者能显著提升管理效能，逐步成长为更具影响力的职场领导者，进而在组织层面创造更大价值。

寻找合适的导师需要投入时间和精力。理想的导师人选应具备相关领域的经验，且其指导风格与你自身风格契合。更重要的是，对方应真正愿意投入时间与精力，为你的技能提升与职业进阶提供助力。值得注意的是，尽管许多人在回顾职业历程时会将前上司视为导师，但最优选择往往是寻找非直属汇报关系的指导者。这种相对独立的指导关系有助于其保持客观立场，能够超越日常事务性困扰，以更宏观的视角为你的职业发展提供战略性指导。

物色导师可从现有职场网络着手。企业内部可能存在具备指导能力的合适人选，或设有体系化的导师培养机制。若内部资源有限，可将搜寻范围拓展至行业协会、专业社群等外部渠道，这些平台汇聚了跨机构的资深从业者，能够为职业发展提供多元化视角。值得注意的是，现有同事中或许就存在合适的导师人选，关键在于识别具有分享意愿与专业积淀的对象。

建立良性指导关系需要双向投入。作为被指导方，应主动明确职业诉求，以开放态度接纳建设性意见，同时将导师的经验转化为可操作的成长路径。日常互动中须注重沟通效率，合理规划交流频率与内容深度，并对导师投入的时间与智慧保持感恩之心。这种基于互信与尊重的协作关系，能使指导效益实现最大化。

导师的指导是职业发展过程中的有效助力。主动寻求经验丰富者的指导，能够获取宝贵经验、掌握新技能，从而系统性提升专业能力。对于期望实现职业进阶的从业者而言，合适的导师将在个人成长路径中提供方向指引与实践支持。

职业关系网

构建职业人脉是职业发展的重要环节。它有助于建立专业联系、获取就业信息、发展对当前或未来岗位有益的人际关系等。本节将解析人脉的价值意义，探讨如何系统性搭建职业社交圈，并分享高效拓展人脉关系的实践策略。

人脉在职业发展中的重要性

人脉是职业发展的关键助力。它能帮助你与所在领域的专业人士建立联系，了解就业机会，并持续掌握行业动态。通过构建稳固的人际网络，你将为自己开拓新的机遇，并提升职业生涯成功的可能性。

建立专业的人际网络

构建职业人脉需要投入时间和精力，但对职业发展具有长期价值。可通过参与行业活动、加入专业协会、在领英等平台建立联系等方式逐步拓展人脉圈，重点在于打造涵盖不同背景与经验的多元化人际网络。

在娱乐、广告等人际关系紧密的行业，人员跨公司流动频繁，宜将人际关系视为长期投资。主动邀请对方喝咖啡或小酌交流，这种非正式场合的互动往往比办公室环境中的交流更利于深化职业联系。

成功建立人际关系的秘诀

对职场新人来说，人际关系可能令人生畏。以下建议可以帮助你充分利用社交机会。

充分准备：参加行业社交活动或主动联络他人前，须事先了解相关人士或机构背景，预先准备可展开交流的话题切入点与问题清单。

保持真诚：刻意逢迎或急功近利的交往意图极易被察觉，应以建立真实人际关系为出发点，秉持真诚意愿进行职业社交互动。

倾听：职业社交并非单向的自我展示，须注重双向互动。主动提问，专注于聆听对方的观点，真诚关注他人的见解，是建立有效人脉的基础。

互利互惠：主动思考如何为双方关系创造价值——能否提供新产品建议？能否引荐人脉资源？通过切实的互利行为深化合作可能。

持续维护：建立初步联系后，建议通过致谢邮件等方式及时跟进，既保持专业形象又展现对维系职业关系的重视，为后续互动创造契机。

恰当和不恰当的问题

在职场社交中，提问应聚焦于建立有效联系。应避免涉及私人领域或与当下交流无关的问题，例如薪资水平、家庭状况等私人话题。建议围绕对方职业领域展开提问，关注其工作内容、行业动态等专业维度，这样既能体现专业态度，又能促进深度对话。

然而，有些问题处于须谨慎处理的中间地带。例如，可以询问对方教育背景、专业方向，此类问题有助于发现共同人脉或了解对方曾修读哪些为职业发展奠定基础的课程。也可询问近期阅读的书籍、行业文章或博客内容，这类信息可能对行业有参考价值。若涉及求职谈判或薪酬沟通，须采取更得体的提问策略以获取有效信息。例如，申请某公司的职位时，直接询问对方薪资水平有失礼节，但可换用委婉方式提问："贵司XYZ类岗位的薪资范围通常如何设定？"

寻求额外的帮助

职场社交的本质在于建立深度关系，在特定场景下可适时提出资源支持请求。若希望获得行业或职位的更多信息，应明确说明具体需求并阐释为何认为对方能提供帮助。例如，初入某行业时，可礼貌询问："是否有值得接触的人选或值得阅读的书籍推荐？"此类提问须注意措辞的清晰度与合理性。无论对方是否提供协助，都应充分尊重其时间成本，并对获得的任何帮助表达诚挚谢意。

构建职业人脉是职业发展的重要基石，它能开拓新机遇并助你掌握行业动态。遵循上述建议，以真诚的态度与求知欲开展职场社交，可建立有价值的人际关系，为未来职业发展带来长期助益。

第**17**章 二

薪酬和加薪

在当今竞争激烈的商业环境中，透彻理解薪酬构成不仅是员工的基本权利，也是职业发展的必备条件。大型企业的薪酬体系远不止于每月的固定薪资，而是由基础工资、各类奖金、员工福利以及常见的股票期权共同组成的复合结构。其加薪机制和薪酬调整方式与小型企业或初创公司存在显著差异。

具体而言，薪酬增长主要包含绩效加薪、晋升加薪和市场调整三种基本类型。本章旨在帮助读者系统认识企业薪酬调整机制，理解薪酬决策的内在逻辑，从而能够以恰当方式维护自身应得的薪酬权益。

加薪的关键驱动因素

企业的加薪决策绝非心血来潮，尤其在大型机构中，这类决策背后存在明确的评估标准或"考量因素"。以下是影响薪酬调整的几项核心要素。

卓越表现

卓越的工作表现是最有力的说服依据。准时交付项目成果、超额完成销售指标、以创新方案攻克关键难题——这些切实的工作产出构成了员工价值的具体证明。当个人贡献持续超越岗位预期时，管理层便有充分理由批准加薪。

技能提升

企业环境是不断变化的。那些不断更新知识体系、扩展专业技能的人可以有效地满足公司的新需求。无论是掌握新的编程语言，精进数据分析技能，还是获得项目管理专业认证，持续的技能提升可以让你成为更有价值的资产。

市场供求动态

部分岗位因人才稀缺性与市场需求旺盛形成溢价效应。若你所处的专业领域存在技术门槛高、从业者数量有限的特征，这种供求关系将成为支撑薪酬增长的重要客观依据。

任期和忠诚

在人才频繁跳槽的当下，员工的忠诚度对企业管理者而言仍具考量价值。伴随企业成长并持续展现敬业精神的员工，往往在渐进式加薪通道中占据优势——尤其是在任职期间始终维持稳定产出的员工。

企业运营状况

公司的财务表现直接影响调薪空间。当企业处于盈利扩张期时，薪酬预算总额通常相应增加，员工获得加薪的概率随之提升；反之，若企业面临经营压力，即便员工业绩突出，也可能因受制于整体预算限制而难以实现大幅加薪。

通货膨胀和生活成本调整

部分调薪决策旨在抵消物价上涨的影响，确保员工的实际收入水平不缩水。此类机制在高通胀的环境下尤为重要，属于维持员工基本权益的常规操作。

职责扩展与职位晋升

当工作职责范围扩大或在职级体系中获得擢升时，薪酬调整通常同步发生。晋升不仅是对你过往成绩的认可，也是对你未来价值的投资决策。

人才保留策略

企业深知竞争对手可能以高薪挖走核心人才，因此会采取主动调薪策略维持薪酬竞争力，从而降低关键员工流失的风险。

理解上述驱动因素后，便能清晰掌握薪酬的本质——它并非孤立指标，而是由个人职业价值、市场规律、企业战略等多重维度交织形成的动态体系。当员工基于这些客观逻辑提出加薪诉求时，相关讨论将更聚焦于事实依据与共赢目标，从而推动理性、高效的协商进程。

年度考核周期：常规评估机制

在大型企业主导的职场环境中，薪酬调整通常遵循相对固定的节奏。年度考核周期便是核心机制之一——在这一固定时间段内，企业将对员工绩效表现与薪酬水平进行集中评估。该机制看似严苛，实则是企业确保公平性和标准统一的结构化流程。部分企业每年一次，另一些则安排多次评估周期。

在考核周期内，管理者依据既定标准评估团队成员的工作成效。评估维度不仅包含可量化的业绩指标(如销售目标达成率或项目完成度)，也涵盖团队协作能力、领导力展现及应变能力等软性指标。部分企业会对同职级员工进行横向对比，形成绩效排序，但具体操作细则因公司而异。

评估数据经系统汇总与集体讨论后，薪酬调整方案进入决策阶段。通常情况下，企业会为每个团队或部门设定调薪预算总额，管理者须结合员工绩效表现、市场薪酬水平、内部公平性原则(确保同职级同绩效员工薪酬一致性)进行预算分配。

需要明确的是，并非所有员工都能获得调薪，且调薪幅度存在差异。薪酬调整的幅度及方式通常取决于绩效评级结果、公司整体经营状况及宏观经济环境。此外，员工入职时薪资水平并非完全一致：虽然应届毕业生等初级岗位差异较小，但同职级岗位中，经验丰富的入职者通常能通过谈判获得高于同职级无经验者的薪资。企业会通过薪酬校准机制逐步缩小此类差距，但须注意，这并非提升个人收入的唯一途径。

非周期性加薪：规则的例外

需要明确的是，年度考核周期虽是常规机制，但特殊情况下也可能出现非周期性的调薪机会。关键在于区分规则与例外，并准确判断何时适合就此类情况主动与上级领导沟通。

超常业绩表现

若员工在常规职责之外承担重大任务并取得突破性成果(例如挽救关键项目或成功签约大客户)，可适时主动提出加薪。此类超常业绩表现足以成为在年度考核周期外提请薪酬调整的客观依据。

岗位职责变更

当工作角色发生实质性调整或责任范围显著扩大时(例如从单一任务执行者转型为跨团队项目统筹者)，往往伴随着薪酬的重新评估。调薪的核心依据并非职级名称的变化，而是岗位实质价值贡献度的跃升。

市场薪酬调整

行业人才供需变化可能推动特定岗位市场薪酬水平显著上涨。若员工发现自身薪资明显低于市场基准值(建议参考Glassdoor、PayScale等权威平台的数据，避免依赖Blind等匿名社区，其中可能存在虚报薪资的情况)，可基于客观调研结果与人力资源部门或直属上司进行沟通。注意，此类对话须以充分的市场数据为支撑，并采取策略性沟通方式。

个人特殊境况

生活存在突发情况，例如突增的财务压力或重大变故。虽然基于个人需求的调薪请求并非首选沟通方向，但在紧急情况下可谨慎提及。但注意，企业通常无法仅因员工个人需求而批准调薪，仍需要关联业务价值逻辑。部分大型企业设有员工专项救助基金，以帮助员工应对家庭成员的昂贵医疗支出、房屋因火灾或自然灾害损毁等极端情况，此类资源的使用可能比直接申请调薪更为合理。

特殊时机考量

即使存在上述合理情境，仍须谨慎评估申请调薪的时间节点。例如，虽然成功签约大客户属于突出贡献，但若公司正面临财务紧缩或刚宣布裁员计划，此时提出加薪可能并非最佳选择。

总之，在常规评估周期外申请调薪时，须具备清晰的自我价值认知、沟通策略及充分的事实依据。关键不在于提出请求本身，而在于如何通过证明个人贡献与业务价值的强关联性，构建具有说服力的薪酬调整逻辑。

为加薪精心准备

当你认为提出加薪的时机成熟时，应以充分准备及专业态度开启对话。以下是实现有效沟通的关键要素。

收集数据

数据支撑是核心。在向主管提出加薪前，须系统收集三类资料：当前职位的市场薪酬基准(可通过Glassdoor、PayScale等平台查询)、近期的关键绩效成果档案、新获取的职业资格证书或技能认证。数据越翔实，说服力越强。须知企业人力资源部门通常会依托专业薪酬顾问公司进行同业薪酬对标，因此所提数据必须经得起横向对比验证。

量化业绩成果

数据最能体现价值。避免空泛陈述"表现良好"，应以具体指标佐证。例如，是否实现销售额30%的增长？是否主导过成本优化项目？是否获得重要客户的书面认可？这些可量化的成果是支撑加薪诉求的关键依据。

◀ 模拟演练

提前进行场景模拟至关重要。建议与可信赖的同事或职业导师进行角色扮演，通过实战演练优化表达方式。他们可针对语言逻辑、语气把握等提供客观反馈，帮助你呈现自信而不失分寸的沟通状态。

◀ 选择时机

时机选择直接影响沟通效果。建议在主管工作压力较小的时间段提出诉求，通常周一、周二或上午时段较为适宜，此时管理者处理事务的专注度更高。

◀ 保持专业态度

沟通全程应基于理性框架。聚焦于客观事实，条理清晰地陈述诉求，同时注意倾听对方反馈。即使结果未达预期，也应避免情绪化反应或掺杂个人抱怨，保持职业素养对长期发展至关重要。

◀ 适时妥协

有时候，企业可能存在薪酬调整的现实限制。若无法实现基础薪资的提升，可探索替代性激励方案，如股权激励、绩效奖金机制或弹性福利包。聚焦于价值创造的本质，理解企业薪酬决策的多维因素，往往能开启更多可能性。

◀ 做好多重预案

沟通前须建立开放心态，全面设想可能的结果——无论是直接通过、暂缓考虑，还是需要补充论证。若未能获批，应主动寻求反馈意见，明确改进方向。

此外，须认识到上级的决策权限存在客观限制。即使他们认可你的诉求，最终审批往往涉及更高管理层或预算委员会。薪资调整未果并不代表否定个人贡献，后续仍可能通过项目激励、职级晋升等方式体现价值认可。保持理性沟通姿态有助于获得长期发展机遇。

总之，充分准备的薪酬沟通不仅是薪资诉求的表达，也是系统性梳理职业成长路径的契机。通过客观呈现价值贡献数据，与管理者在组织价值坐标系中展开深度对话，能够有效推进职业发展共识的建立。

何时不应要求加薪

虽然争取更高回报是人之常情，但若在特定情境下提出加薪诉求，可能面临时机欠佳或战略误判的风险。以下情形需要审慎评估。

公司财务困境

当公司财务状况不佳时，例如正在经历财务困境、宣布裁员或实施预算缩减，这显然是暂缓提出加薪请求的信号。在此类情况下要求加薪可能显得不合时宜，甚至可能损害你在公司的地位。

刚入职或升职

若你刚入职或升职，建议暂缓提出薪酬调整要求。通常应在入职或晋升一年后申请加薪，除非你的职责发生了重大调整。

绩效评估后未达预期

若近期绩效考核结果不理想，明智的做法是优先针对反馈意见进行改进。在评估结果尚未改善时立即提出加薪诉求，可能向管理层传递目标重心偏移的信号。

过去频繁要求加薪

即便历史诉求具备合理性，短期内反复申请加薪可能使上级形成你过于关注短期利益的印象。建议适当拉长申请间隔，确保每次诉求都对应着价值创造能力的实质性提升。

重大工作失误后

工作中难免会有状态不佳或计划外状况出现的时刻。若近期犯过重大错误或接受过纪律处分，建议暂缓加薪协商，待通过持续稳定的工作表现重建信任后再择机提出。

业务高峰期

恰当时机的选择不仅关乎何时提出加薪，同样需要规避不适宜的时机。若上级正处于工作负荷过重的状态，或公司处于重大项目推进期，建议暂缓提出申请。当管理者能够专注处理你的诉求时，沟通成功率将显著提升。

总之，加薪谈判的艺术不仅在于展现个人价值，也须体现对企业全局动态的深刻认知。通过精准把握时机，你既展现出对自身价值的清醒认识，也彰显了深谙组织运作规律的职场智慧。

基本工资之外：总薪酬

许多人在评估工作机会或调薪方案时往往只关注基本工资，但须明确认识到薪酬体系远不止每月固定收入。以下要素有助于你全面评估并善用整体薪酬资源。

医疗和牙科福利

在医疗费用须自行承担的国家(如美国)，此类福利构成薪酬的重要部分。须充分了解保险覆盖范围、保费标准、自付比例及其他自费项目。对部分人而言，若医疗福利显著优越，不妨适当降低薪资预期。

退休福利

公司是否为你的退休金账户供款？若有，具体比例是多少？此类保险金额有时可能占薪资的显著比例，若未充分利用，等同于放弃部分收入。

奖金和股票期权

部分企业会将年度奖金或股票期权纳入整体薪酬方案。虽然这些不应成为唯一的决定因素，但它们能显著提升你的总收入。务必了解与这些激励措施相关的股票归属期或业绩考核标准。

职业发展

企业是否提供学费报销或承担专业资格认证费用？对自身成长的投资不仅使你受益，也反映出企业重视员工的长期发展。

工作与生活的平衡

这类福利涵盖弹性工作时间、远程办公机会、额外带薪休假等。在后疫情时代，职业倦怠现象日益普遍，此类福利对维护心理健康尤为重要。

其他福利

部分企业为了提升员工的幸福感，会提供健身房会员、托儿服务、免费餐饮或通勤补贴等福利。这些看似可有可无的待遇，实际上能显著改善个人月度开支并提升整体职业满意度。

工作稳定性与晋升空间

尽管难以量化，但职位稳定性和职业晋升潜力至关重要。从长远来看，在稳定发展的成长型企业中薪资稍低的岗位，可能比波动性大的初创企业的高薪职位更具价值。

总而言之，薪酬需要整体考量。每项福利、津贴和补助都对应着实际的价值。通过理解并协商整体薪酬方案，你既能够获得即时财务收益，也为长期职业发展奠定了基础。

用机智和策略驾驭薪酬

要在薪酬领域(尤其是企业环境中)游刃有余，需要兼具敏锐的洞察力、自我价值认知与战略智慧。这关乎薪资单上的数字，要求职场人理解包含各类福利与津贴的整体薪酬体系。

虽然基本薪资通常最受关注，但奖金、职业发展机会、医疗福利等容易被忽视的部分，可能对整体生活质量产生显著影响。因此，全面评估薪酬方案的重要性再怎么强调都不为过。

此外，讨论加薪或协商薪酬方案的时机与方式，会为后续职场关系奠定基调。正如棋局博弈，不仅要考虑当前一步，也要预判后续步骤。

记住，虽然薪酬至关重要，但它只是职业满意度的一环。融洽的工作氛围、协作支持的同事、有意义的工作内容以及成长机会同样不可或缺，甚至更为重要。不仅要确保自身获得应得的报酬，也要确保身处能认可、尊重并培育你价值的平台。

最后，正如一句老话所言，知识就是力量。你对行业标准、行业竞争水平以及个人独特优势了解得越深入，就越能在薪酬沟通中占据主动地位，促成双赢局面。毕竟，清晰认识到自身价值并确保其被认可，不仅是维护权益的手段，也是尊重自我的表现。

第 **18** 章
二

与外国人打交道

当下，随着全球化的加速推进，你可能还需要与外国人打交道。不管你在什么岗位上，都需要注意不同国家/地区之间的文化差异。

本章将探讨与外籍人士打交道时可能面临的一些独特挑战。内容涵盖沟通方式、职场礼仪、生活方式等方面的差异，并提供实用技巧和策略来帮助你应对这些挑战。本章将为你提供有价值的见解和指导，帮助你驾驭不同的职场文化。

当和外国人打交道时，必须理解并尊重可能存在的文化差异。有趣的是，直到我们将自己的国家和文化与另一种文化进行对比，我们才会注意到其独特之处。对于职场新人而言，一些关键的文化差异可能需要一些时间来适应。这并不是说某一种文化是好的、坏的或更好的，而是说来自不同文化的人在一些重要领域会有不同的期望。虽然这些领域中的每一个单独拎出来看时都显得微不足道，但总的来说，它们加在一起，塑造了因文化不同而产生的不同体验。

沟通风格

在不同的文化中，沟通风格可能会有所不同。例如，美国人在交流中倾向于开门见山，语言非常直接和明确，经常通过大量的目光接触和肢体语言来传达信息。在一些文化中，间接的表达方式或非语言交流可能更常见和更受重视。例如，在日本，直接批评或对某人说"不"可能被认为是粗鲁的，相反，人们经常使用间接的语言或肢体语言来传达信息。

间接的语言往往会导致混淆，比如，当日本同事认为一个想法不值得考虑时，他们会用"这很困难"这样的短语来描述。美国人可能不会把这种表述理解为"不行",而是大概率会误以为这个项目只是需要付出很高的努力。当美国同事跟进询问这个项目的状态时,会困惑地发现项目毫无进展。在美国,最好在拒绝一个项目时保持礼貌,但要明确表达,避免混淆。

个人空间

在某些文化中,个人空间可能不像在美国那样受到重视。在中东和拉丁美洲等地区的文化中,人们在交谈时可能会站得更近,接触更多,但这常常让美国人感到不舒服。

名字的使用

在美国,通常在商业场合直呼其名,即使面对的是刚认识的人,也是如此。然而,在某些文化中,直呼其名可能会被视为不尊重。例如,在日本,更常见的是使用一个人的姓和敬语,如"某某先生""某某女士"。

目光接触

在某些文化中,直接的目光接触可能被视为咄咄逼人或不尊重。例如,在中东和亚洲文化中,人们可能会避免与地位较高的人进行直接的目光接触。然而,美国人倾向于直视对方的眼睛。微笑也被视为一种礼貌和开放的姿态。

守时

虽然美国人重视守时,但某些文化对此可能并不苛求。例如在非洲和拉美地区,开会迟到不一定被视为失礼,人们也未必总是准时赴约。尽管美国的守时标准不如瑞士或德国严苛，但准时赴约仍被普遍视为基本要求。无论身处何种文化环境，若开会迟到超过五分钟，应通过短信或邮件告知组织者并说明情况，这样既显礼节又避免误解。

赠送礼物

不同文化对送礼的接纳程度存在显著差异。例如在中国，赠钟被视为不祥之举，因"送钟"与"送终"谐音。通常小而精致的伴手礼较为合适，如红酒、精美果篮、高档巧克力、鲜花或富有深度的书籍，但过于贵重的礼物可能被视为贿赂而引发质疑。唯一例外可能是重大项目或交易达成时互赠的纪念品，这类场合的礼物规格可适度提升。

商务着装

在美国，商务着装普遍较为随意，但不同文化可能有不同要求。例如，在亚洲文化中，重要的商务场合可能须着正装，如西装革履或款式保守的服饰。具体要求因行业与公司而异，建议提前了解任职公司的着装规范。

个人卫生

在职场中，保持良好的个人卫生至关重要，这既是对自身也是对他人的尊重。通常应每日沐浴，并使用除臭剂或止汗剂避免体味。着装应保持干净、得体，确保衣物平整无皱。日常卫生习惯必须遵守，如餐前便后洗手。

口腔清洁方面，应每日刷牙并使用牙线，确保近距离交谈时口气清新。发型整洁、胡须修剪得体，指甲保持洁净并定期修剪，这些都是个人卫生的基本要求。香水或古龙水可使用，但忌过量喷洒，避免浓烈气味引发同事不适。良好的个人卫生习惯既能营造积极的职场氛围，也直接关乎职业形象。

个人办公空间

独立办公室或小隔间虽属个人工作区域，但仍须遵守职场公共礼仪。保持工位整洁有序，定期整理物品并妥善处理废弃物，私人用品数量应精简且符合职场规范。避免携带气味浓烈的食物或使用香味过重的物品，以免干扰他人。若使用机械键盘等易产生噪声的设备，须注意音量控制。

通话或视频会议时须注意控制声量，看视频或听音乐时必须佩戴耳机。若办公室设有统一静音时段，应主动遵守相关约定。长时间离开工位时，应提前告知可能需要协作的邻近同事。这些细节共同维护着职场环境的专业性与工作效率。

在办公室小睡和休息

不同文化对职场小睡有不同认知。在日本，工作时打盹可能被视为勤奋工作的表现。若办公室配备专用休息舱或公共休息区，应在指定区域小憩。拥有独立办公室者可关上门在沙发上休息，但须拉下窗帘以隔绝同事视线。在美国办公室，公然伏案小睡会被视为不得体，可能引发对职员工作态度的负面联想。

插嘴

在美国职场中，贸然打断他人发言被视为失礼行为。但在拉丁美洲等地的文化中，打断对话可能被视为积极投入的表现。当遇到紧急或关键问题时，在人数较多的场合，可举手示意以引起发言者的注意；线上会议中若难以插话，可通过举手功能或文字聊天框提问。须注意保持适当身体距离，避免在交谈时侵入他人私人空间。

性别角色

在职场中，不同性别之间的互动与沟通方式存在显著的文化差异。美国职场普遍强调性别平等原则，反对任何形式的性别歧视，但男女沟通模式差异仍然存在。例如，男性可能倾向于强势发言或打断他人，女性则常面临发言被打断、意见被低估等特殊挑战。须特别说明的是，这些现象不应被固化为性别标签，所有职场人士都应主动关注沟通中的潜在偏见。建议在会议中主动邀请寡言者参与讨论，因为沉默者往往可能提出极具价值的观点。构建包容性职场文化的核心在于确保每位成员的意见都能获得平等重视。

问候

在不同文化的职场中，问候方式存在显著差异。在美国职场中，标准握手礼仪是初次见面时的通用礼节。同事间的拥抱或贴面礼虽偶有发生，但通常仅限长期共事且关系密切者。即使团队中存在此类亲密问候方式，若彼此之间尚不熟悉，主动伸手行握手礼仍是稳妥选择。

闲聊

在美国职场中，人们常通过闲聊建立融洽关系，但在北欧等文化中，人们倾向于直接切入工作议题。美国职场普遍重视工作与生活的平衡，同事间在非工作时间的社交频率相对较低，工作场合中的交流也更多地聚焦于专业领域。须注意，在美国建立职场人际关系通常需要更长的时间。影响社交活跃度的重要因素是个人家庭状况：有子女或家庭责任的员工下班后时间相对有限，而单身或无子女的员工通常时间安排更灵活，他们参与下班后咖啡或小酌社交的可能性更高。

个人主义与集体主义

在职场文化中，个人主义与集体主义的差异显著。美国职场文化强调个人成就与主动进取精神，员工须展现自主工作能力。这有别于推崇团队协作与集体决策的文化体系。值得注意的是，美国职场领导者虽常强调团队合作价值，但个体在集体项目中的贡献仍须获得充分关注。在职业发展中，即使非团队负责人，也应具备向高层汇报团队成果的能力。这意味着从业者须在团队协作与个人表现之间寻求微妙平衡。

决策

不同文化背景下的决策机制存在显著差异。美国职场普遍采用个人决策模式，决策权分散于各岗位人员。部分企业决策须通过高层审批，科技类及数据驱动型公司则多采用自下而上的决策机制。员工应主动了解所在企业的决策流程，及时调整工作方式以适应这种制度特点。

名片礼仪

在不同的文化中，交换名片的礼仪存在显著差异。在日本等国的文化中，名片交接是正式商务礼仪的重要环节，须双手递送名片并在认真查看对方名片后妥善收纳。美国商务场合则更注重效率，名片主要作为快速交换联系信息的方式。随着领英等数字化社交平台的普及，纸质名片在美国商务场景中的使用频率正逐渐降低。

小费

美国服务业中普遍存在支付小费的惯例，餐饮、美发及出租车行业均须支付。然而，在部分文化中，支付小费不仅不是常态，还可能引发误解。多数国家/地区的服务人员薪资结构为正常时薪制，而美国餐饮服务人员属于特殊雇佣类别，这类岗位的薪资通常低于法定最低时薪标准。餐饮消费通常应支付15%~20%的小费——15%对应于普通服务，20%对应于优质服务。若服务质量严重不达标，可适当减少金额。

须注意三点细则：首先，餐饮机构普遍实行小费均分制度，前台侍应生与后厨人员共享小费池，对于优质服务，应顾及后厨人员的贡献；其次，遭遇服务质量问题时须考量具体情境，若服务人员态度恶劣，可适度降低小费，但若因人员短缺而出现服务延迟，建议给予理解；最后须知疫情后服务行业普遍面临用工短缺压力，服务人员超负荷工作已成常态，建议对非主观因素导致的服务瑕疵保持宽容。

词汇和习语的使用

最后，要意识到可能存在的语言障碍。即使你英语词汇量足够大，也可能会遇到一些令你困惑或难以理解的地方俚语或习语。在必要的时候，须要求对方额外解释，不要害怕承认你不理解对方的意思。如果你不停下来要求对方重新解释，人家会认为你明白并继续讲下去。

此外，如果你学过英式英语，可能会熟悉一些常见的词汇，但它们在美国却有不同的意思。例子如下。

假日：在美国，"holiday"一词通常指国定假日，如独立日，或宗教节日，如圣诞节或犹太新年。你的办公室可能会在假日关闭，但是你可以预料到很多同事不会在特定的节日休息。如果你有PTO(带薪休假)，应知这通常被称为"vacation"。而且，许多美国人经常根据孩子们的学校假期安排休假。

饼干：在美国，"biscuit"是一种小而圆的面包卷，通常与早餐一起食用，但在英国，"biscuit"是一种甜的或咸味的饼干状零食。

裤子：在美国，"pants"是指覆盖腿的服装，但在英国和其他国家/地区，"pants"特指内衣。"pants"在美国的用法类似于"trousers"在英国的用法。

后备箱：在美国，汽车的后备箱(trunk)是汽车后部封闭的存储空间，但在英国和其他国家/地区，后备箱被称为"boot"。

"college"与"university"：在大多数谈话中，这两个词经常互换使用。然而，"college"通常是一个提供专业本科学位的较小机构，而"university"是一个包括多个学院或多个系，并提供本科和研究生课程的较大机构。在英国，这种特殊用法有时表示社会地位和学校等级，但在美国，"college"与"university"差异不大。

通过花时间理解和尊重上述文化差异，与外籍人士打交道时可以建立更加牢固的关系。重要的是记住，文化差异可以被看作一件积极的事情，它可为职场带来多样性和新的视角。

后记

POSTSCRIPT

勇往直前，走向成功

祝贺你完成了本书的阅读！此刻你应当对职场礼仪的重要性及办公室文化运作规则形成了系统性认知。

本书系统阐释了职业发展的核心要素，涵盖目标设定、邮件与电话礼仪，乃至社交媒体运用及职业网络构建策略。书中着重解析了持续学习机制、导师制度价值、优质人脉培养方法，并探讨了绩效考核沟通、矛盾化解等复杂情境的应对方案。

这些知识体系的实际价值何在？职场行为规范为何具有战略意义？

职场形象与声誉对职业发展具有决定性影响。专业可靠、尊重他人的员工更容易获得晋升机会与核心项目的参与资格，反之，若因工作态度或职业素养问题而形成负面评价，将直接阻碍职业上升通道。

此外，适应办公室文化对职场新人或跨机构任职者而言是一项显著的挑战。掌握规范的职场礼仪能有效缓解工作压力，帮助建立职业自信，提升工作舒适度。

本书核心要点可归纳为以下方面：

在职场互动中，须始终对同事、客户及上司保持尊重态度与职业化言行；

深入了解企业价值观与制度体系，主动适应组织文化环境；

重视线上线下公共形象的维护，实施主动型声誉管理策略；

持续学习，积极寻求职业能力提升机会；

构建优质人脉网络，重点发展能提供职业指导的同事及导师群体。

最后，职场文化的构建不仅在于树立规章制度，也在于为全体成员营造积极、包容的工作氛围。尊重、同理心与理解力是培育健康、高效职场生态的基石。

办公室文化始终处于动态演变中，保持灵活性与开放性至关重要。不同企业、行业及文化背景存在差异化的规范体系，洞悉这些特性，方能实现职场突破。掌握基本职业礼仪并建立优质人际关系，可为职业发展奠定坚实基础。现在就开始践行这些准则，见证职业生涯的全新飞跃吧！

感谢你阅读本书，并祝你在未来的职业生涯中一切顺利！希望你阅读本书时能和我创作时一样愉悦，并且在阅读过程中有所获益。

真挚的
Mike Halpert